中意法学经典译丛

可怕的所有权

Il terribile diritto: studi sulla proprietà privata e i beni comuni

〔意〕斯蒂法诺·罗多达（Stefano Rodotà）/著

徐育知/译

著作权合同登记号　图字:01-2024-0508
图书在版编目(CIP)数据

可怕的所有权/(意)斯蒂法诺·罗多达著;徐育知译.—北京:北京大学出版社,2025.3
　ISBN 978-7-301-35023-2

Ⅰ.①可… Ⅱ.①斯… ②徐… Ⅲ.①所有权-研究 Ⅳ.①D913.204

中国国家版本馆 CIP 数据核字(2024)第 088767 号

Il terribile diritto: studi sulla proprietà privata e i beni comuni, by Stefano Rodotà
© 1981, 1990 by Società editrice il Mulino, Bologna. Third edition 2013.
本书原版由 Società editrice il Mulino 出版社于 2013 年出版。本书简体中文版由原版权授权方授权翻译出版。

书　　　名	可怕的所有权 KEPA DE SUOYOUQUAN
著作责任者	〔意〕斯蒂法诺·罗多达(Stefano Rodotà)　著 徐育知　译
责任编辑	闫　淦　方尔埼
标准书号	ISBN 978-7-301-35023-2
出版发行	北京大学出版社
地　　　址	北京市海淀区成府路 205 号　100871
网　　　址	http://www.pup.cn　http://www.yandayuanzhao.com
电子邮箱	编辑部 yandayuanzhao@pup.cn　总编室 zpup@pup.cn
新浪微博	@北京大学出版社　@北大出版社燕大元照法律图书
电　　　话	邮购部 010-62752015　发行部 010-62750672 编辑部 010-62117788
印　刷　者	北京中科印刷有限公司
经　销　者	新华书店
	880 毫米×1230 毫米　32 开本　7.75 印张　145 千字 2025 年 3 月第 1 版　2025 年 3 月第 1 次印刷
定　　　价	58.00 元

未经许可,不得以任何方式复制或抄袭本书之部分或全部内容。
版权所有,侵权必究
举报电话:010-62752024　电子邮箱:fd@pup.cn
图书如有印装质量问题,请与出版部联系,电话:010-62756370

"中意法学经典译丛"委员会

主　编

奥利维耶罗·迪利贝托（Oliviero Diliberto），罗马第一大学法学院教授、院长

黄美玲，中南财经政法大学罗马一大法与经济学院教授、院长

学术委员会成员

圭多·阿尔帕（Guido Alpa），罗马第一大学民法学荣休教授

路易莎·阿维塔比莱（Luisa Avitabile），罗马第一大学法哲学教授、法学部主任

马西莫·多尼尼（Massimo Donini），罗马第一大学刑法学教授

马西莫·卢恰尼（Massimo Luciani），罗马第一大学宪法学教授

何勤华，华东政法大学教授，全国外国法制史研究会会长

徐涤宇，中南财经政法大学教授、副校长，中国法学会民法学研究会副会长

黄　风，北京师范大学刑事法律科学研究院教授

唐晓晴，澳门大学法学院教授、院长

薛　军，北京大学法学院教授

编委会成员

多梅尼科·杜尔西（Domenico Dursi）

詹马泰奥·萨巴蒂诺（Gianmatteo Sabatino）

李　俊　游雨泽　顾双双　徐育知

编委会秘书

余　洁

作者简介：

斯蒂法诺·罗多达（Stefano Rodotà），意大利著名政治家、思想家、法学家，生前为意大利罗马第一大学民法学荣休教授，意大利著名学术期刊《法律的政治》杂志创办人。罗多达教授是《欧洲人权公约》的起草者之一，他曾多次当选意大利众议院、欧洲议会议员，曾担任众议院副议长、意大利个人信息保护监督局第一任局长、欧洲隐私保护监督机构负责人等重要职务。

罗多达教授著作等身，在民法、宪法、基本人权以及信息技术相关权利领域颇有建树。其作品曾被翻译成英文、法文、德文、西班牙文和葡萄牙文等多种语言，对意大利以及西方法学界产生了重要影响。

译者简介：

徐育知，意大利罗马第一大学法学博士，现为中南财经政法大学罗马一大法与经济学院讲师、中南财经政法大学罗马法系研究中心研究人员。主要研究方向为罗马法、私法史与比较私法。

中意法学经典译丛总序

"中意法学经典译丛"有着一个明确的目标,即跨越语言的藩篱,将意大利法学诸领域顶尖学者的经典著作呈现给中国的法学家和读者。

所谓"经典"译丛,翻译作品的选择遵循的必定是"经典"这一标准:呈现给各位读者的,是那些来自不同时代,属于不同理论方向,但对当代法学家的培养而言仍然不可或缺的作品。这些历经时间考验的作品,即使距其首次出版已有几十年之久,但仍然在意大利法学研究与教育中扮演着不可替代的角色。

以即将出版的几部作品为例:

圣罗马诺(Santi Romano)的两部著作《宪法秩序的事实构建》和《宪法与其他法学》,分别出版于1901年与1903年,虽距今已逾一个世纪,但仍被世界各地的公法与法理学家研习,因为二者是法学研究无法回避的出发点。

晚近出版的一些著作也已成为经典。斯蒂法诺·罗多达(Stefano Rodotà)的《可怕的所有权》一书,详细阐述了欧洲社会所有权制度从绝对个人主义到注重社会效用的理念转变，回应了我们这个时代所面临的社会问题。保罗·格罗西（Paolo Grossi）《法的第一课》以简洁的语言描绘了法学的轮廓，成为法科学子的入门"圣经"。

迭戈·夸廖尼（Diego Quaglioni）的《中世纪及近代早期的"正义"》一书，甫一出版便在意大利学界引起巨大轰动，现已成为西方法律思想史领域最重要的著作之一。此外，菲利波·加洛（Filippo Gallo）的《习惯与新型合同》、阿尔多·斯基亚沃尼（Aldo Schiavone）的《罗马共和国的法学家和贵族》、弗朗克·莱达（Franco Ledda）的《行政法中的合同问题》等佳作，都是意大利法学发展长河中的闪耀明珠。

虽然这些作品主题不同、年代不同，作者理论构建的方式也不尽相同，但它们毫无疑问都是经典匠作，并成为了解意大利法学（且不限于此）的必读书目。几个世纪以来，每一代法学家都以不同于上一代法学家的方式建构自己的思想，以修改、更新、纠正过去的观点，但都从未忽视过去沉淀的知识积累。

中国现已成为以法典为基础的大陆法系大"家族"的一分子，在这个意义上，当代中国的法律文化与以意大利为代表的西方数千年的法律传统之间的关系具有超凡的魅力。事实上，2021年1月生效的《中华人民共和国民法典》便是中西传统文化交融的产物,延续数千年的中华文化与建立在罗马法基础之上的欧洲私法传统在这部法典中相得益彰,共同助力于中国特色社会主义制度的发展完善。这部法典的颁布,对于全世界的法学家——而且不限于法学家——而言,无疑是一件划时代的大事。这部法典是法律条文的系统与有序集合,它源自罗马私法,但在体系与内容上同时具有中华历史文化与传统习俗的特色。

事实上,中国拥有比西方更为古老的千年文明。这种从未间断且延绵至今的古老文明,是一种建立在儒家思想之上的文明,是一种道德准则的文明,这与建立在法律规则之上的西方文明大相径庭。因此,对于法学家而言,古老的中华道德文化传统与西方法律传统的相遇无疑是一场独一无二的知识奇遇。

习近平主席曾于2019年3月20日在意大利最著名的报纸《晚邮报》上发表了题为《东西交往传佳话 中意友谊续新篇》的重要署名文章并写道,"中国和意大利是东西方文明的杰出代表,在人类文明发展史上留下浓墨重彩的篇章"。在这篇文章中,习近平总书记在回顾中意两国自古罗马帝国以来两千多年的交往史后指出,扎根在深厚历史沉淀之中的中意友谊培育了两国"互尊互鉴、互信互谅的共通理念",而这一共通理念也"成为两国传统友谊长续永存、不断巩固的保障"。

让中国的法学家们更好地了解意大利法律传统中最优秀

与最历久弥新的成果,进一步促进中意两国在法学领域的合作交流,是对中意两国友好交往传统的赓续,也是组织本套中意法学经典译丛的目的所在。

只有在认识、开发与重塑过去的基础上学会创新,法学才能在世界任一角落发展。一言以蔽之,法学是连续性中的革新。十二世纪的西方哲学家沙特尔的伯尔纳多(Bernardo di Chartres)有句后世广为流传的名言:"我们这个时代的人之所以能看得更远,仅仅是因为我们是站在巨人肩膀上的侏儒。"因此,在本译丛中,我们为中国的法学家们呈现了几位意大利法学领域的思想巨人,而我们都站在他们的肩膀上。

奥利维耶罗·迪利贝托(Oliviero Diliberto)

目 录

导　读 ………………………………………… 001
权利与物 ……………………………………… 037
教义学与历史视角下的所有权 ……………… 087
译后记 ………………………………………… 233

导 读

圭多·阿尔帕*

一、历史视角下的所有权

在西方国家的法律经验中,所有权制度一直备受关注。物之分配是法律制度最基本的目标之一[1];从安全和有序的市民生活角度看,私人、国家和其他公共团体的物之所有权,是国家必须保障的对象。在十八世纪下半叶欧洲工业革命前的多个世纪里,经济体系均以所有权(尤其是土地所有权)为中心。因此,所有权这一发源自罗马法[2]、发展于中世纪法并随着旧制度(Ancien Régime)的崩离而扎根于十九世纪《民法典》中的制度,引起了法学家群体的广泛兴趣。

当谈到所有权时,人们会马上想到个体所有权,想到私人所有权,亦即想到私主体对所有的人行使的一种利己的绝对

---

* 圭多·阿尔帕(Guido Alpa),意大利著名法学家、律师,林琴国家科学院院士,罗马第一大学民法学荣休教授,意大利国家律师协会前主席。——译者注

权。所有权是对物行使权利(物权)的最主要形式。

作为一种法律范畴的所有权,既被用来界定私主体与其因买卖、继承、赠与或其他形式获得的物之间的法律关系,也被用来界定国家或其他公共团体与特定类别的物之间的法律关系。

二十世纪下半叶,意大利最优秀的一批民法学者致力于所有权制度的研究[3]:萨尔瓦托雷·普利亚蒂(Salvatore Pugliatti, 1903—1976)就所有权的定义及其不同类型撰写了一系列令人难忘的文章。他正确地指出,根据所有权在民法典与特别法中的不同制度,可以将所有权分为不同的类型(公共所有权、建筑物所有权、森林所有权、环境和文化资产所有权等)。[4]彼得罗·雷希尼奥(Pietro Rescigno, 1928)强调所有权在宪法领域的重要性以及私人所有权必须履行社会义务,从而为立法者以集体利益之名限制所有权提供了正当理由。[5]鲁道夫·萨科(Rodolfo Sacco, 1923—2022)从比较法的角度,探讨了所有权移转的模式与形式。[6]斯蒂法诺·罗多达(Stefano Rodotà, 1933—2017)在回顾自拿破仑法典至今的法律发展进程时,全方位探究了所有权的含义,并将其划分为三个分析层面:私人所有权,即个人的所有权;公共所有权,即国家与公共团体的所有权;集体所有权,即私人团体与地方社区的所有权。

集体所有权这种所有权的形式在中世纪的欧洲广泛存

在,我们这个时代最重要的一位法史学家保罗·格罗西(Paolo Grossi, 1933—2022)对其进行了深入研究。[7]格罗西是中世纪法与近代法学者,也是意大利宪法法院前院长。他曾强调,几个世纪以来,特定社群对共有物的使用(如采摘树果、砍柴、捕猎等),使个体能够通过行使一种可以满足自身需求的权利来维生;因此,须以非排他性的方式来理解这种权利,它涉及在特定地区稳定扎根的、由人组成的整个群体,个体在这种权利的视角下只是某特定群体的一部分。格罗西还说明了为什么共有物逐渐减少,并最终淡出法律制度的舞台。在立法者的支持下,私主体逐渐将共有物据为己有,这既是物尽其用的需求,也是将共有物分配给个人,以使后者脱离社群的政治选择。

斯蒂法诺·罗多达在他漫长的学术生涯中,为所有权制度倾注了大量心血。一方面,他使用历史的方法,厘清了所有权在时间的流逝中是如何通过法律的分类而被解构的。另一方面,他还使用批判分析的方法,确定了立法者在描绘所有权的形象时所追求的政治目标。

罗多达在其第一篇文章《关于所有权的批判研究》[8]中,详细讨论了《拿破仑法典》第544条关于所有权的定义。该条规定蕴含着激发法国大革命的"资产阶级精神"[9],它摆脱了贵族土地所有权,保障了资产阶级广泛获得所有权的可能。然而,十八世纪的英国呈现出截然相反的景象,即所谓的圈地(enclosure)运动,大片空地(open fields)与公地(common lands or common wastes)被圈占起来。这种有利于贵族阶层(gentry)的做法剥夺了群体的财产,迫使许多农村居民涌向城市,为工业发展注入了劳动力。

  罗多达同样通过历史的方法向法学家们表明,他所使用的范式并非绝对性的,而是相对性的,因此能够适应经济与政治现实,并注定会随着时间的流逝而发展、变化。为此,罗多达从比较法律制度的视角,深入研究了十九世纪末至二十世纪初所有权与工业发展之间的关系,并以此强调工业的动态所有权的权利人与土地财产的典型静态所有权的权利人之间的冲突在同一时期是如何以相反的方式被解决的——经济发展更为进步的英国秉持的是有利于工业发展的立场,较为落后的意大利则更加支持土地所有权的主张。[10]这涉及土地所有权人的赔偿问题,他们的庄稼因为蒸汽火车的通行而受损,火车头喷出的火星点燃了铁轨两旁的农作物。

  罗多达研究了1948年《意大利宪法》规定的私人所有权的新意涵,其中,权利的保障与其社会功能紧密相连,这是当今学界仍在讨论的重要话题。[11]

  罗多达此后还发表了其他文章,这些文章关注所有权的特征、两种定义以及当代法学家对这一制度的研究,并最终聚焦于"一切人所有的物"(共有物)这一制度。罗多达在一场名副其实的政治运动中推动了共有物制度的发展。在他的领导下,意大利司法部于 2007 年成立的一个委员会起草了一份授权法草案,以修改《民法典》中有关公有物的法律规则。

罗多达的第一批文章于 1981 年以《可怕的权利》(Il terribile diritto)[12]为题在博洛尼亚的穆利诺(Il Mulino)出版社出版发行。这一标题借鉴自卢梭对所有权的定性,即所有权是一种以自利的方式保护的物,此种定性之后于大革命时期为雅各宾派采纳。在这些文章中,罗多达强调所有权与人的地位之间的联系,并主张在利用所有权来保障人的尊严的同时,也不应忽略集体所有权,后者正是如《魏玛宪法》第 153 条般通过宪法层面所规定的限制来表达的。

二、作为法律制度保护的价值的所有权

彼得罗·雷西尼奥在其主编的《私法专论》(Trattato di diritto privato)的导论部分专门讨论了所有权问题。[13]在这现已成为经典的论述中,他观察了法学家话语中的所有权观念。雷西尼奥特别强调了旨在通过将权利与制度同人以及实现个人能力的方式相结合,来重新评估法典、学理与判例中的所有权的理论研究方向。所有权与自由的传统关系以不同于资产阶级法典和自由宪法时代的形式被重新提起。当时,法典与宪法对自由的保障,是通过法律制度不干涉私人领域,以及尊重

个人决定其财产命运的方式来实现的:在立法者的意图中,保护所有权与保护隐私或保护家庭情感的习俗处于同一层面。在当代宪法中,需要保护的自由反而成为一项积极自由,此种自由从个体出发来保障其人格的发展。

雷希尼奥认为,要在社会"价值"与法律制度"价值"中重新置入所有权,就必须突出人的重要性。换言之,将所有权与对人的保护联系起来,从而使所有权回归个人自由的范畴,这种趋势已经发展到作为主观权利的(或更准确地说,作为人格权的)企业的原初设计。在这种情形下,组织的能力与意思成为对人的一种阐释,后者在赋予物和劳动以方向和生命的过程中得以实现。[14]

所有权这一术语不可避免地涉及"物"这一术语,而正如安东尼奥·甘巴罗(Antonio Gambaro)所言,后者又反过来回到了"据为己有"的主题。没有人会认为人类的劳动产品可以是共同所有的,因为归属与劳动之间存在着不可分割的天然纽带。显而易见的是,没有人会在任由第一个经过的人最终收获的地方播种、耕种、培育农作物;也没有人会在不确定自己的成果能够获得什么样的交换的情况下便从事制造、生产、创造和改造活动。

就自然资源与过去几代人的产品而言,甘巴罗指出,必须回过头来观察这样一种文化趋势,即人类似乎倾向在全民共有的边界顽强抵抗,这也许仅仅是出于对权利的普遍反感。这种天然的抵抗常常导致所谓的公地悲剧,即一种稀缺资源向全民开放的情形,它完全可以被定义为字面意义上的"悲剧",因为最终的灾难不可避免。因此,这样的分析对于指导在物的制度与共有物(res communes omnium)制度之间的理性选择极富意义。

甘巴罗继续指出,将物的概念扩大到所有需要保护的资源的必要性具有"逻辑—实践"的特点。为了说明这一特点,有必要从这样一种观点出发:所有人共有的物可以缺乏一种法律秩序,同时,归属在逻辑上意味着某种秩序的存在。这种法律秩序的选择自由常常被忽视,因为当人们谈到归属时,会本能地想到所有权或占有。此外,所有权与占有在我们的历史传统中是已知的主要归属形式,但在法律制度的理性设计层面,二者只是众多可供选择的归属形式中的一部分。

然而,我们不能一方面否认任何形式的归属,另一方面又主张对特定资源使用的管理存在广泛的选择空间。这是不符合逻辑的,因为法律上的管理意味着将义务与权利赋予法律制度的特定主体,同时构建一个可以合理地使这些权利与义务产生效力的制度安排。在没有人于法律上有义务避免在任何实际可能的用途中使用资源的情况下,全民共有的情形很容易维持。

可怕的所有权

但是,对资源使用的规制至少意味着禁止某些使用或禁止某些主体使用这种资源,亦即意味着施以弃权义务。如此一来,只有通过确定共有的守卫者是唯一有资格要求遵守弃权义务的合法主体这一理念,方能摆脱创造归属观念的逻辑必然。这首先意味着,对共有的管理成本通常要比对归属的管理成本更高。[15]

因此,所有权被视为一种法律关系。米凯莱·康斯坦丁诺(Michele Costantino)撰写的词条清晰地总结了这种观点。关于此种现象的性质,康斯坦丁诺采纳了所有权的此种定义,即所有权是人类的一种权利,它来自一套规则,这套规则规制了取得、使用、管理与移转任何具有经济效用且能够成为社会冲突的对象的物的方式。

就现行法律制度而言,所有权问题不再等同于实现社会劳动成果分配与流通的所有法律形式的确定问题。所有权不再是(如果它曾经是)获取并利用经济资源的唯一法律形式。所有权的功能不再是(如果它曾经是)通过占据对物的统治地位与对无限权利的分配来避免社会冲突,而是通过确定经济资源的利用与流通方式,确保值得保护的、属于所有权人以外的主体的需求、利益和需要得以实现,从而防止社会冲突的发生。

在法律文献中,尤其是在那些用于学校教学的文献中,所有权的概念通常被预设,其内容从经验的或超法律的元素中推导而来,其功能则被委以诸如社会连带、社会效用或公平等相当模糊的标准。这种方式使明确问题的真实且具体的术语成为必要,否则会因缺乏具体的基础而不能为客观制度中的众多问题提供令人信服的答案。

应当首先指出的是,目前在法律层面,所有权是一个完全可以从经济角度来理解的主观情形,尽管在部分社会中,所有权(尤其是部分物的所有权)是权利人威望的一种表现,有时还伴随着对其他主体的支配性权利。只需指出一点,根据现行宪法的规定,在法律明确规定的情况下可以剥夺某一主体的所有权,但任何法律都不能剥夺公民的人身或社会权利。

同样是基于现行宪法的规定,所有权的内容和客体由法律规定,同时个人人格的固有内容只能由一般法的立法者通过消极方式予以确定,这一点可以从所谓的不可侵犯的权利的相关规范与所有权的相关规范的比较中轻松推导出来。

尤其是《意大利宪法》第42条第1款在宣告"财产分为公有和私有"以及"经济财产属于国家、集体和个人"之后,第2款规定:"法律承认和保障私有财产,同时基于保障其社会功能并使所有人都能获得的目的,法律规定了私有财产的取得、享有的方式及其限制。"该条的表述(也许是故意的)含糊不清,但仍有可能探寻其中的含义:在法律确定的取得与使用方式及限制之外,不存在所有权的"法定"内容;同时,并非(可以假定的)所有法律确定的取得与使用方式及限制都是合宪的,因为必须逐一核实它们是否与所有权社会功能之保障目的相符。

因此,所有权被赋予了"内在的美德"或(如我们今天常常听到的那样)具有"最低限度的内容"的论断是武断的。这种观点只能基于这样一种假设,即所有权构成个人人格(自由)的表达。这种假设包含了对"基本"特征的分配,从而意味着"法律制度"未明文禁止的所有权人的一切行为都是值得保护的。然而,《意大利宪法》第42条与第3条第2款一起确认了一条不同的原则,即对个人人格发展条件的保障并不要求绝对地保障已有财产的地位;相反,它要求这种保障符合并服从社会效用的需要。

因此,所有权为以此种形式规制的经济关系在分配与行使方面设定了一个外在理由。实际上,对取得与使用方式及限制的任何规定,都必须具有保障所有权的"社会功能"的目的,这就是"承认"与"保障"所有权的理由。[16]

三、新财产

关于新财产(new properties),在一场以"从物到新财产"(Dalle res alle new properties)为主题的会议中,乔治·德·诺娃(Giorgio De Nova)向与会人员介绍了最新研究成果,从中可以得到的基本印象是,我们的法律制度仍然立足于物(res),并未向新财产开放。

诺娃注意到物的基本理论的滞后性,并指出《意大利民法典》第810条之规定对物的定义帮助不大,该条规定:"所有能够成为权利客体的东西是物。"例如,阿拉拉(Allara)认为,这种定义"被归结为一种术语游戏,而且还是一种不清晰的游戏"[17]。然而,第810条规定的物的概念并非唯一。第2740条在确定债务人的财产责任时指出,债务人需"以其全部的物"负责。这两个概念是完全不同的。根据《意大利民法典》第810条的规定,物是可以成为权利客体的东西。此处的权利是指物权或绝对权,主要是所有权。这是因为,在意大利的法律制度中,从体系的角度看,所有权的观念与占有的观念直接相关,故只有可以成为占有客体者才能成为所有权的客体。而且,由于只有可以物理接触的物才能成为占有的客体,故第810条的基本概念是有体物意义上的物。

第2470条规定的物的概念则是一个完全不同的问题,因为在这种情形中,物意指所有积极客观财产(因此除了物权,还包括债权甚至期待权)。诺娃的结论是,不存在一种可以将新财产纳入其中的统一的物的一般概念。然而,正如弗朗切斯科·费拉拉(Francesco Ferrara)在一篇文章中揭示的那样,在与债权相对应的排他权(ius excludendi alios)中寻找财产权(property rights)与所有权(diritto di proprietà)的共同特征,是完全有可能的。[18]在排他权中,费拉拉将"垄断权"同物权与无形财产权并列,认为排他权的特点是"物权保障了人对于个人特定物的权利,而垄断权则提供了阻碍他人占有、使用与垄断者所有的物相似的物的权能。垄断是一种特权,其不同于物权,因为它排除了他人为某种行为的权利,而他人原则上拥有这种权利"[19]。

诚如安东尼奥·巴尔达萨雷(Antonio Baldassarre)所言,新财产已经概括了所有权范式对"福利国家"中公民的新法律要求——例如,社会保障体系固有的要求(获得福利、援助、体面工资的权利等)——的延伸。

在那些宪法深受个人自由主义影响的法律体系(如美国、德国的法律体系)中,私人所有权的宪法概念一般被定义为私主体所有的财产权之集合的概括形式。

在支持者眼中,这种配置回应了这样一种目标,即在"福利国家"的强势推进以及立法机关与公共行政部门主动且细致的干预下,对上述以广义方式理解的"私人所有权"制度(因为它已经形成于法律传统之中)以及当时"具体存在或正在形成的"[沃尔夫(M. Wolff)语]私主体的具体归属关系予以保护。此种通过市民社会与国家的分离来解读的配置方式,以宣称保护现状为特征,其目的并非保护具有普遍价值的人格,而是保护资产阶级,亦即保护市民——所有权人所积累或赚取的财富免受立法者与公共行政部门的干预,一般认为此种干预有肆意之虞,因此也被视为一种例外。

对这种配置方式的批评使新财产理论得以被确认,它包括将"所有权"范式延伸至公民对(福利国家)社会保障制度提供的、保障人类有尊严地生存所必需的财产救济的法律要求。尽管这一理论并未被在意大利宪法背景下开展活动的法学家错误地视为对"所有权"模式的不恰当应用[罗多达·门戈尼(L. Mengoni)],但它既从德国与美国的学说中[朔伊纳(U. Scheuner)、金(E. King)、萨拉丁(P. Saladin)、黑塞(K. Hesse)、巴杜拉(P. Badura)、黑贝勒(P. Häberle)、哈尔(C. M. Haar)、利布曼(L. Liebman)],也从这些国家的判例中,尤其是在将对基本权利的形式保障扩张至"新"社会权利的实践需求的推动下,获得了超出预期的共识。[20]

"新财产"理论与对据为己有进行限制这一主题相互交织。罗多达指出,在当代社会,所有权模式是指私人利益得到最有效保护的模式。此种模式以土地为基准建立,并逐渐扩展至其他情形。这些情形在社会经济价值的范围内,要么与土地所有权接近,要么超过土地所有权,甚至取代后者成为社会关系的中心。因此,并非仅限于对所有权客体保护的加强。正是所有权这一概念本身,创造并展现出了一种源源不绝的可塑性,不断吞并着新的疆土。所有这些不仅使对所有权的特征及其区别于其他情形之处的研究变得更加困难,而且还修改了确定何种情形可以被定义为所有权的必要分析标准与方式。

为了证实上述考量,必须回顾随着"新财产"理论的出现而发生的情事。新财产构成一种重要的社会现象,其表现为越来越多的公民与不同种类的组织愈发依赖公共主体对他们有利的分配:这涉及授权、特许、投资、刺激、减税、服务等,它们对于相关各方的活动具有决定性意义,远远超出了传统所有权关系的范畴。在此仅举一例:想想电视网络的许可使用对于个人的意义。

这一系列的考量滋生出将法律规定的对所有权的保护同样赋予那些具有社会和法律重要性的情形的需求。对电视网络这一"新"所有权的保护制度,不应低于对诸如土地等"旧"所有权的典型保护程度。如果说对一块土地的征收都直接规定了宪法层面的保障,而且此种保障很好地反映了现代立宪主义起源的社会与经济价值规模,那么应该确保电视网络管理者获得类似的保障。因为在当今社会,这种资产的"所有权"在经济上比任何土地所有权都重要得多。[21]

与此同时,这一问题在私法领域是从"新类型的"物的视角来观察的。正如安东尼奥·甘巴罗所言,诞生自工业革命的当代社会的演进,不仅吸引了一系列从前不属于物的范畴的事物,还施加了巨大的压力来承认新类型的物,而这些事物并非且从来不属于物的范畴。通常而言,这种情形在智力创造与信息领域表现得尤为明显,但与空间开发有关的无体形式等其他现象也不应被忽略。

以服务和信息为导向的经济创造的新类型的物,几乎总是来自最先进的国家。就配套法律模式而言,需要指出的是,在普通法系中,由于所有权的客体在传统上并非有体物,而是许多明确界定的使用权,故物的列表总是向新的发现开放。因此,在这一法律传统中,于权利动产(things in action)这种不能物质性占有而只能受财产法体系的特定保护的物中增加一种新的成员,并非难事。[22]

切萨雷·萨尔维(Cesare Salvi)与"所有权"这一术语的广泛使用保持着距离。他指出,在我们的法律体系中,所有权的客体是"物"(《意大利民法典》第832条),亦即物质或有形的实体,"自然的物质产品"。因此,将无形实体据为己有不属于上述情形(如同在对无体物的权利中那样);通过开展经济活动(如同在企业中那样)而使对某一物之集合的使用利益高于这些物的通常使用利益的,亦不属于所有权的情形。

诸如文学作品所有权、工业所有权、企业所有权等表述的不妥早已被指出。起初是出于系统性批判的原因,而将无体物的权利等情形与所有权混为一谈——前者的"性质和功能与后者的本质相矛盾"。实际上,法律秩序使用的管理与保护技术在结构上是异质的,其取决于我们面对的是物还是无形实体。换言之,作为将有形实体据为己有的所有权规则,其在结构上与那些以"物"之外的实体为客体的排他权有着不同的特征。

关于更为宽泛的归属范畴(所有以独占经济利益为特征的情形都应归于这一范畴),就民法的规范目的与体系目的而言,此种规则或是误解之源,或缺乏实际含义,因为并不存在统一的秩序来规制可被归为归属范畴的情形。

显而易见的是,借用所有权这一术语来表述的所谓新所有权,是由福利国家创造或与之相关的各种权利或期待,其中就包括劳动者获得体面的工资或"工作"的权利,以及社会保障领域的主观公共权力。

总而言之,最好将所有权这一术语留给利益的重要法律形式,这些形式具备本部分开头提到的所有要素。[23]

四、所有权与欧盟法

在描绘欧盟法、欧洲私法与人权的框架时,存在一个老生常谈的话题,即假定超国家机构不得影响和破坏所有权秩序。此种论断基于下述已被广泛接受的前提:(1)关于这一制度的成文法或不成文法法源体系是各国法律制度的典型内容;

(2)可以说,它构成了各国法律制度的标识性与本质性要素之一;(3)它构成了各国法律制度在宪法上的重要支柱之一;(4)它反映了各国法律制度的历史与传统。上述每一个前提(仅指那些在讨论这一问题时会立刻浮现的前提)本身就可以表明,有义务"放弃"推进那些旨在将额外的规定附加到各国法律秩序的举措,并且有义务尊重各国的模式,不应改变后者本来的面貌。[24]

有理由认为,超国家组织的此种不作为义务源于《建立欧洲经济共同体条约》(以下简称《条约》)第 295 条(前第 222 条)之规定:"不得以任何方式损害成员国现有的所有权制度。"然而,共同体内部的普遍趋势是对第 295 条进行限制性解释,认为经济原因不能成为施加《条约》所禁止的障碍的正当理由,《条约》允许成员国自行制定所有权制度并不意味着免除成员国现行所有权制度遵守其基本原则的义务。因此,欧盟委员会与欧盟法院采取了众多干预措施。例如,在收购公司资本、"黄金股"(golden share)和投资等情况下限制投票权,这些限制明显影响了各国法律制度规定的所有权秩序。

无论上述前提是否合理,即使从表面上看,排除有关所有权的外国法律规则介入的论断似乎也过于简单,而且在任何情况下都被一个远比通常描述的其正当化依据更为复杂的现实掩盖。

宪法规范、条例与指令、建议与意见、"欧洲"层面的编纂议案交织在一起,实际上揭示了一种极为纷繁的图景,明确证明了上述论断的薄弱性。因此,有必要尝试构建一个参考框架,并基于此来厘清这一问题(本文不予讨论)。

《尼斯条约》第17条(现为《欧盟宪法条约》第Ⅱ-77条)已明确规定了一项基本原则,在众多成员国的宪法中,该原则具有基本权利的性质。该条规定与《意大利宪法》第42条相比内容相似,但侧重点不同。每个人,不仅仅是欧盟公民,都有权享有、使用和处分"合法取得的"物之所有权,并有权将其"置于遗产之中"。该条还规定,除非由于公共利益,并通过法律规定的方式以及支付"公正的"补偿,否则禁止剥夺私人所有权。最后,该条规定,法律可以在一般利益的限度内对物之使用加以规制。相较于《意大利宪法》的文本,上述引号内的术语较为特别。正如我们看到的那样,该条并未提及所有权的社会功能。然而,不论是从法律保留的角度看,还是从适当限制性程序的角度看,抑或从补偿被征收者的角度看,上述术语均重申了对私人所有权的基本保障。与《意大利宪法》的文本相比,上述条文对所有权的保障甚至更为彻底。确切地说,它没有规定权利受制于社会功能,而且该条规定,应向被征收者支付的并非模糊的适当补偿,而是"公正的"补偿,亦即完全恢复被征收的权利。

《尼斯条约》随后规定了间接涉及所有权的规则,但这些规则与各国法律制度中规制文化遗产及其流通、环境财产、证券、知识产权与工业产权的现行法秩序相契合。

在欧盟的下位规范中,包括:

(1)相关条例:文化遗产的出口、欧盟环境局、共同体的设计与模式、共同体的商标;

(2)相关指令:文化遗产的恢复、环境影响的评估、各种污染、植物群与动物群、所有表现形式的版权;

(3)欧盟法院保护所有权的决定;

(4)涉及所有权制度的指令,如关于不动产分时利用契约的指令。

还有其他一些值得提及的规范,如制造商对建筑物中瑕疵产品部件的责任规范。

部分学者认为,这些规范大多在一个限定的范围内运作:一方面,它们主要与动产相关;另一方面,它们不影响权利的创设与移转方式。实际上,这两点均不正确。因为在欧共体职权的预设划分中,存在着大量的例外,废弃物及其堆积埋藏地的所有权人责任的相关规则便是重要例证。至于权利的移转,只需指出的是,欧共体常常会对合同的缔结方式作出规定,即使是仅仅涉及金钱的合同,最终也会影响到作为合同客体之物的所有权的移转时间与形式。

《欧洲保障人权和根本自由公约》(以下简称《公约》)"第一议定书"第1条如此保障所有权:"每个自然人或法人都被授予和平地享用其财产的资格。除非为了公共利益并且符合法律以及国际法一般原则所规定的条件,任何人都不应当被剥夺其财产。""但是,前款规定不应当以任何方式损害一国的如下权利:按其认为必要的方式去强制执行此类法律,以便依据一般利益来控制财产使用,或者保证税收或其他捐税或罚金的支付。"[25]

相关决定是由欧洲人权法院(以及最初的欧洲人权委员会)作出的。[26]

(一)1982年9月23日判决;主审法官:威亚尔达(Wiarda);斯波龙(Sporrong)与罗恩豪斯(Lönnroth)夫人

1982年9月23日斯波龙诉瑞典案作出判决,该案源于1975年斯波龙的继承人与罗恩豪斯夫人针对欧洲人权委员会提出的针对瑞典的两项诉讼。原告是位于斯德哥尔摩市市中心一处不动产的所有权人,他们认为自己受到瑞典政府为重新开发城市而向斯德哥尔摩市政府颁发的征收许可,以及针对该不动产的建设禁令的不利影响。

欧洲人权法院首先审查了申请人提出的违反"第一议定书"第1条的指控,该指控与过长期限的征收许可和建设禁令有关。申请人特别指控,给予斯德哥尔摩市政府启动确定征收补偿的司法程序的期限过长(在斯波龙继承人案中确定的期限是5年,后延长3年,然后再延长5年,最后再延长10年;在罗恩豪斯夫人案中,确定的期限是10年);申请人指控征收许可与建筑禁令的有效期限过长(前者分别为23年和8年,后者分别为25年和12年),并强调相关措施将会对他们的所有权产生负面影响:失去在正常市场条件下出售不动产的可能、对这些不动产进行可能的投资的风险、难以进行抵押、无法在自己的土地上建设。瑞典政府则认为,许可和禁令是城市规划所固有的,不能视为对物之所有权人的侵犯。

欧洲人权法院承认征收许可在法律上并不会改变所有权人处分和使用物的权利;但法院认为,这些许可在很大程度上减损了行使这些权利的现实可能性,影响了所有权的本质,因为这些许可承认未来可能的征收的合法性,并授权斯德哥尔摩市政府适时征收,从而使申请人的所有权处于不稳定且随时可能消失的状态。建设禁令也限制了所有权人对其物的使用。

至于干预所有权的可能的正当理由,法院首先审查是否存在对所有权的剥夺("第一议定书"第1条第1款第2句),并指出瑞典当局并未征收申请人的不动产,申请人可以使用、出卖、遗赠、捐赠、抵押其财产。法院认为,也不存在事实上的征收,因为所有权虽然失去了其实质,但并未消失。法院随后审查相关措施是否构成"第一议定书"第1条第2款规定的对物之使用的控制,进而指出建设禁令构成此种控制,征收许可则否,后者仅仅是剥夺所有权的第一步。

法院最后根据"尊重"所有权的原则("第一议定书"第1条第1句),审查了征收许可。法院在不表态征收许可是否符合瑞典法律的情况下,强调有必要遵守共同体一般利益的需求与个人基本权利的必要保护之间的公正平衡。法院认为,当时适用的法律的特点是僵化性;除需要获得市政府同意的纯粹和简单的撤销许可外,法律并未提供任何改变相关所有权人地位的手段。长期以来,申请人对其所有权的命运完全没有把握,要求政府考虑他们所面临的困境的权利也未得到承认。斯德哥尔摩市政府因享有征收权而得以实现其规划的利益虽不应被忽视,但法院难以理解为什么瑞典法律拒绝在合理的时间间隔里重新评估斯德哥尔摩市与所有权人的利益。法院还注意到,建设禁令的存在进一步加剧了长期有效的征收许可所产生的负面影响。因此,斯波龙的继承人与罗恩豪斯夫人承担了过于繁重的负担,只有要求缩短许可的期限或有寻求补救的可能,才能使此种负担合法化。然而,瑞典法律在事件发生时排除了这种可能性(后者至今仍不可能)。故法院认为,本案存在违反"第一议定书"第1条的情形。

(二)1986年2月21日判决;主审法官:吕斯达尔(Ryssdal);詹姆斯(James)等

詹姆斯等诉英国案涉及英国长期租赁合同制度的立法。

此类合同以其首次付款为特征,此后出租人仅按期支付象征性的租金。

威斯敏斯特公爵家族的受托人提起诉讼,指控英国1967年《永久租赁改革法》违反了《公约》与"第一议定书"规定的义务。申请人声称,那些根据永久租赁制度占用该家族在伦敦上流住宅区建造的某些房产的人,行使了上述法律规定的赎买权,这使该家族的众多财产权遭到剥夺。《永久租赁改革法》特别规定,永久租赁人有权以法律规定的条件与价格获得所有权的强制转让。这一机制符合公平原则,即土地属于土地所有权人,不动产则属于占有的租赁人。出于明显的社会目的,法律规定了对价值较低的财产的租赁人有利的赎买条件与价格计算机制。

就英国法律与"第一议定书"第1条是否兼容的问题,法院指出,首先,在社会经济政策框架内实施的剥夺现有所有权的措施,符合"公共效用"的条件,而"第一议定书"第1条规定的征收措施的合法性也服从这一条件,即使这些措施有时仅仅有利于个人而非整个集体。其次,英国法院承认,本国的立法机构在界定社会经济政策方面具有广泛的自由裁量权。因此,只有在明显缺乏合理依据的情况下,作为立法依据的"公共效用"要求才能受到质疑。然而在本案中,尽管此种立法被指责为选举措施,但就其所追求的社会目标而言,并无明显不当之处。

至于为实现这些目标而选择的手段,法院首先指出,根据"第一议定书"第1条之规定,剥夺某人财产的措施必须在共同体的一般性要求与个人人权之保障的必要性之间求得公正平衡。在本案中,赎买协议不能被视为实现租赁人"精神权利"的过度措施。此外,该法仅适用于低于一定价值的房产,故不能认为其不合理。

同样,关于赔偿的方式,考虑到立法的社会目的和留给国家的自由裁量空间,赔偿比率(基于1967年的数字)与实际支付时限符合第1条规定的"公正平衡"的要求。反对意见认为,与其以无序的方式执行法律,不如委托独立机构对具体个案逐一评估。事实上,在法院看来,鉴于涉及范围广泛,英国改革所选择的制度既非不合理,亦非不恰当。

最后,有反对意见认为,这一改革在具体案件中的应用方式违反了比例原则。法院则认为,各种受到指控的应用方式仍处于"第一议定书"第1条规定的范围之内,因为其并未使申请人负担超过该改革所导致的正常不利后果。

申请人还指控英国的这一立法具有歧视性特征。该法规定的征收措施实际上仅涉及有限的不动产,保障了更大价值的财产。然而,法院否认立法存在《公约》第14条禁止的歧视行为,认为在本案中,根据立法所追求的合法目标,申请人指控的不平等待遇符合客观合理的要求。

（三）1989年12月19日判决；主审法官：吕斯达尔（Ryssdal）；梅拉赫（Mellacher）夫妇等

申请人梅拉赫夫妇、默尔克（Mölk）夫妇、施密特（Schmit）先生、魏斯－泰斯巴赫（Weiss-Tessbach）女士和布伦纳－费尔萨赫（Brenner-Felsach）女士是分别位于格拉茨、因斯布鲁克和维也纳三地的不动产的所有权人。根据自由协商的合同，他们的三套公寓分别以1870、800与3800奥地利先令的月租被出租。后两份合同中，租金与消费者指数挂钩。

在签订合同时，根据当时的法律，前两套公寓（包括卫生设施位于顶楼的公寓）属于D类，最后一套公寓（包括服务设施不符合法律规定的公寓）属于C类。对于1945年之前建造的公寓的新租约，奥地利1981年关于租金的法律（1982年生效）规定，C类公寓的最高租金为每平方米11先令，D类公寓的最高租金为每平方米5.50先令。然而，该法律的一条规定将其适用范围扩大到正在履行的合同。因此，在1968年至1981年签订合同的公寓租客最高可以要求将租金减少到规定数额的150%。

根据这一规定，三套公寓的租客分别诉请减少租金330、561与3300奥地利先令，以及要求房东偿还自申请之日起收到的差额，法院支持了这些请求。

申诉人对这些判决的上诉未获成功。

欧洲人权委员会合并审理这三项申诉,指出梅拉赫夫妇、默尔克夫妇与施密特先生的案件违反了"第一议定书"第 1 条之规定,但魏斯-泰斯巴赫女士案和布伦纳-费尔萨赫女士案则否。

关于第一点,法院指出,根据 1981 年法律降低租金毫无疑问构成对申请人享有的所有权的出租收益权能的干涉。然而,相关措施虽然剥夺了权利人的部分财产收入,但尚不足以构成彻底的征收,而仅仅是对财产使用形式的控制,故符合"第一议定书"第 1 条规定的情形。

判决书指出,此项规定允许成员国通过必要的法律规制物之使用,以使其符合一般利益;这些法律在建筑物领域极为常见,后者在国家经济与社会政策中占据着中心地位。法院认为,在执行这些政策的过程中,立法者必须享有广泛的裁量权,既可以决定是否存在一个需要规制的一般利益问题,也可以选择政策的应用方式。1981 年的法律实际上旨在缩小同等公寓租金之间的不合理差异,并打击不动产投机行为。它还旨在保障经济弱势群体能以合理价格获得住房,同时鼓励对已不再符合特定条件的建筑物实施现代化改造。因此,出于这些原因,法院认为,上述法律追求的是符合一般利益的合法目标。

在提到现有的判例法时,判决书指出,"第一议定书"第 1 条第 2 款必须结合该条第 1 句解读。因此,任何对既有权利的干预必须在共同体一般利益的需求与个人基本权利之保障的要求间实现"公正平衡"。

判决书指出,在这一方面,为了改革(尤其是有关租赁的)社会立法,一国立法机关必须采取对其生效之前订立的合同的未来履行产生影响的措施,以达到其所设想的目标。

法院因此否决了申请人有关不加区分地适用这一法律的指控。一部法律的目的是为同等公寓确定合理的最高租金,故只能是一般性的。此外,这部法律规定的例外与排除适用并非不合适的或不恰当的,只要没有超出立法机关的裁量范围。

在欧洲人权法院的一则判决中,法院认为:"意大利当局的行为侵犯了所有权。当局虽然于1983年就被告知梵高画作《园丁》购买者的身份,但直到1988年才行使优先购买权,且当局行使此项权利的理由是购买者在1977年通过代理人购得画作时,违反了有关艺术品优先购买权的通知规则。故当局的行为损害了一般利益与个人权利保护之间的公正平衡。"

几个月后,该法院裁定国家对私人土地的不可逆转的占有是非法的,并指出所谓的"以所有的意思占有"违反了"第一议定书"第1条之规定。[27]

五、共有物

集体之物这一类别,区别于国家和公共实体所有的公有物,以及自然人和法人所有的私有物,半个多世纪以来一直是民法学者讨论的复杂问题。

在公法领域,早在二十世纪初期,以圣罗马诺为代表的学者就已超越《拿破仑法典》的模式,这一模式继受自《意大利王国民法典》,其将私人所有权的范式应用于公共所有权领域,认为国家是国有财产的"所有权人",仅仅赋予这些财产使用价值,而不赋予其交换价值。奥雷斯特·拉内莱蒂(Oreste Ranelletti)追随德国学说,提出了"公共物权"的术语。圣罗马诺于1906年主张,将国有财产同国家(以及公共实体)的私有财产、集体所有财产区分开来。现行《意大利民法典》精确地阐明了公有财产与私有财产之间的差异,但它忽视了集体的权利,僵化了物的分类,从而加深了私人所有权与公共所有权之间的鸿沟。

马西莫·塞韦罗·詹尼尼(Massimo Severo Giannini)在讲授"公有物"课程(1962—1963学年)时,重新构建了物的通常分类,强调了集体使用的物、集体所有权、市民使用以及"符合要求的"所有权。而萨比诺·卡塞塞(Sabino Cassese)则主张"保留"的概念,强调除有关权利的区别外,私人所有权与公共所有权之间不存在其他差异。因此,在物这一复杂世界中,存在着众多根据是否具有"保留"而塑造的物权形象。

现今,所有权的转变是多方面的,但在某种意义上,对正在发生的变化的认识是统一的。现今,我们在动态而非静态的意义上理解所有权,我们以功能的方式理解所有权。因此,立法者也可以曲解所有权人欲追求的目的,以实现公共利益。

对于受物权观念约束的私法学者而言,此种权利(仅可能)保留了区别于债权的实质特征,萨穆埃尔·吉诺萨尔(Samuel Ginossar)旨在将物权情形归入债权领域的观点[28]并未得到赞同。在确定了所有权的宪法维度后,新财产现已进入法学家的概念世界,它区别于传统的奎里蒂法概念,克服了公法与私法的界限,超越了物权法定的教义。如同上市公司那样,所有权与管理发生了分离;如同信托所有权那样,受托人与信托人的利益发生了分离;所有权与企业联结了起来。唯根据欧洲人权法院的规则,所有权仍然被视为一项基本权利。公地悲剧发生后,集体的权利得以被紧急承认。因此,转型既涉及通常的范式,也涉及法源,还涉及所有权、归属、利用的集合利益,以及因新技术的出现而逐渐消失的物的内在一致性。[29]

因此,所有权的"公法"观念与"私法"观念之间存在着一种独特的毗邻性,其一方面对国家和公共实体所有之物的制度产生影响,另一方面也影响着私人所有之物的制度。此种毗邻性还超越了地方团体以及其他拥有同质性要求的主体类别的集体权的范畴。但正如后文所言,并非所有新的观念都为公法与私法这两个领域的学者接受。[30]

在这种情况下,存在这样一个问题,即国家通过所谓的私有化进程来转让公有公司的财产[即国家高速公路公司(ANAS)、国家铁路公司(FS)、国家碳化氢公司(ENI)、国家保险公司(INA)和国家电力公司(ENEL)所有或管理的财产],即使这些财产是转让给公有公司或国家保留最低股份的公司的,由于对私人投资开放,它们是否仍然保留着原有的约束,或是否仍应被视为特殊财产?这些财产一旦被转让,就具备了商业的属性(所谓的商业交易中的公共财产),市场需求决定了它们的自由流通,并因此进入了私法的范畴。使用这些财产必须基于竞争性规则,而非垄断性规则。这些特点在通信网络中尤为明显,网络所有者并未在完全意义上失去所有权,而是受到了使用方面的限制,即不能排他使用。在财产仍然是"国有"的情况下,财产的特许权(这一权利定义了特许权人的广泛权利)是克服《民法典》规定的公有物管理模式的象征性指标;然而,由于意大利最高法院与意大利政府的观点相互冲突,降低权利等级的效果仍处于不确定状态。这方面的例子是意大利国家高速公路公司管理的公路:公路和高速公路属于国家所有,但由国家高速公路公司这一私法形式的实体依法特许经营,因此这些道路是依经济效益目的管理的财产。

以相关部门的制度为基础,构建一个新的公有物的概念,使之"在其复杂的存在维度上,而非仅仅限于在经济层面上,直接与人联系在一起,而非与国家或公共实体的所有权相连"。对公有物的管理是为了公民的利益,公民"仍是真正的所有权人"。显然,这种讨论并不涉及所有的公有物,而仅仅涉及其中的部分类别(例如,那些受私有化进程与"一般"特许权影响的类别)。因此,一种新的制度得以出现,此种制度总是与传统所有权并列处于所有权的统一范畴之中。

对物的集体利用当然与个人的价值相伴而行。问题之关键在于,对于那些个人而非国家所有之物,在维持个人所有权的同时,多大程度上可以推动集体利用,以及对于私人长期独占使用的物,在多大程度上可以被视为私人的而非公共的。

威尼斯潟湖养鱼场案在这方面是一个典型。该案以意大利最高法院的一些判决(例如,2011年的第3813号判决)告终。其中,部分判决支持了公共利用,部分判决确认了物的国有属性。在上述判决的裁判理由部分,法院指出:"今天,在界定公有财产或国有财产方面,不可能再仅仅局限于分析1942年《意大利民法典》的相关规定,因为必须将其与法律体系中的各种法源相结合,尤其是与(其后颁布的)宪法规范相结合。《意大利宪法》并未明确界定公有物及其类别,而是局限于确定一些参照点,它们对于客观制度的界定极为重要。然而,从可以直接适用的《意大利宪法》第 2 条、第 9 条以及第 42 条的规定中,可以推导出在福利国家的背景下(甚至包括在'景观'领域内)保护人格及其适当发展的原则。这些条文不仅具体提到了依据"立法—法典"规定的分类构成国有财产以及国家'所有权'客体的财产的物,还提到了那些在对整体规范系统进行全面解释的基础上,根据其固有的性质或目的,无论立法者如何事先规定,都有利于追求和满足社会利益的物。"

当然,被如此考察的物仍然是国有物。但是,一个不同的国有概念正在出现,尽管制度的二元性和公有物与私有物的本体差异仍然被保留下来。我们是否应该得出这样的结论,即此种公有物与私有物的区分也已过时?当然,这种类别的物使公私法之间二元对立的脆弱性体现得更加淋漓尽致。一场关于共有物的广泛辩论已然展开。

正如我们所看到的那样,斯蒂法诺·罗多达的作品不仅是对所有权制度极具现实意义的反思,而且对当代法学家讨论这一涉及私权、公权与集体财产权的复杂制度问题的方式提出了极为重要的见解。

注 释

[1] 详见 G. Tarello, voce *Diritto, Progetto per la voce "Diritto" di una enciclopedia*, in *Politica del diritto*, II, fasc. 6, pp. 741-747; G. Tarello, *La disciplina costituzionale della proprietà: lezioni introduttive: Corso di diritto civile 1972-1973*, Génova, 1973。

[2] 参见 O. Diliberto, *Proprietà fondiaria pubblica e disponibilità dei privati nel diritto romano*, negli *Atti del III Convegno internazionale su "Il diritto romano, diritto cinese e codificazione del diritto civile"*, Roma, 2005, p. 1 ss.; M. Miceli-L. Solidoro, *In tema di proprietà: il modello romano nella tradizione giuridica*, Torino, 2021; M. Brutti, *L'intuizione della proprietà nel sistema di Savigny*, in *Quaderni fiorentini*, 5-6, Milano, 1976-1977。

[3] 对所有权发展进程的重构,参见 G. Alpa-A. Fusaro-G. Donzelli, *I nuovi confini del diritto di proprietà*, Milano, 2020。

[4] S. Pugliatti, *La proprietà nel nuovo diritto*, Milano, 1954.

[5] P. Rescigno, voce *Proprietà (dir. pri.)*, in *Enciclopedia del diritto*, XXXVII, Milano, 1988, 254.

［6］R. Sacco e P. Rossi, *Introduzione al diritto comparato*, Torino, 2015.

［7］P. Grossi, *Un altro modo di possedere. L'emersione di forme alternative di proprietà alla coscienza giuridica postunitaria*, Milano, 1977; P. Grossi, *La proprietà e le proprietà nell'officina dello storico*, Napoli, 2016; P. Grossi, *Il mondo delle terre collettive*, Macerata, 2019.

［8］S. Rodotà, *Note critiche in tema di proprietà*, in *Rivista trimestrale di diritto e procedura civile*, 1960, p. 1253 ss.

［9］另见 S. Rodotà, *Note sul diritto di proprietà e l'origine dell'art. 544 del Code civil*, in *Quaderni storici delle Marche*, vol. 3, no. 9(3) (settembre 1968), p. 361。

［10］S. Rodotà, *Il terribile diritto. Studi sulla proprietà privata e i beni comuni*, 1981, pp. 149 ss.

［11］F. Macario-M. Miletti (cur.), *La funzione sociale nel diritto privato tra XX e XXI secolo*, Roma, 2023.

［12］这本书现已收录有关共有物的章节，并于 2013 年再版发行。

［13］P. Rescigno, *Trattato di diritto civile*, vol. 2, Torino, 2002.

［14］P. Rescigno, *Introduzione*, in *Trattato di diritto civile*, diretto da P. Rescigno, vol. VII, *Proprietà*, t. I, Torino, 1982, rist. 1984.

［15］A. Gambaro, *La proprietà. Beni, proprietà, comunione*, Milano, 1990, pp. 6 ss.

［16］M. Costantino, *Proprietà, II) Profili generali-Diritto civile*, in *Enciclopedia giuridica italiana Treccani*, vol. XXV, Roma, 1991.

［17］M. Allara, *Dei beni*, Milano, 1984, p. 26.

［18］F. Ferrara, *Trattato di diritto civile*, Roma, 1921, pp. 360 ss.

［19］G. De Nova, *I nuovi beni come categoria giuridica*, in *Atti del convegno "Dalle res alle new properties"*, Milano, 1991.

［20］有关美国的判例,参见 Board of Regents of the State Colleges *vs*. Roth, 408 U.S. 564［1972］; United States Trust Co. Of New York *vs*. New Jersey, 431 U.S. 1［1977］;有关德国的判例,参见 *BverfGE*, 58, 81 109 ss; 另见 A. Baldassarre, *Proprietà, I) Diritto costituzionale*, in *Enciclopedia giuridica italiana Treccani*, vol. XXV, Roma, 1991。

［21］S. Rodotà, *Repertorio di fine secolo*, Roma-Bari, 1992, pp. 134 ss.

［22］A. Gambaro, *La proprietà. Beni, proprietà, comunione*, Milano, 1990, pp. 36 ss.

［23］C. Salvi, *Il contenuto del diritto di proprietà*, Milano, 1994, pp. 83 ss.

［24］M. Trimarchi, *La proprietà. Per un sistema aperto italo-europeo*, Torino, 2015.

［25］相关批评,参见 Schemers, *The International Protection of*

the Right of Property, in F. Matscher-H. Petzold, *Protecting Human Rights: The European Dimension*, Kòln, 1990; G. Gerin (a cura di), *Il diritto di proprietà nel quadro della convenzione europea dei diritti dell'uomo*, Padova, 1989。

［26］欧洲人权法院组织出版了一套判例：V. Berger, *Jurisprudence de la Cour européenne des droits de l'Homme*, III ed., Paris, 1991. 其中部分(有关所有权的)判例已经翻译为意大利文：23.9.1982, Sporrong vs. Svezia; 21.2.1986, James e altri vs. Regno Unito; 19.12.1989, Mellaucher e altri vs. Austria (riassunto)。这些判例收录在 *Foro italiano* 杂志中：1984, IV, 84; 1987 IV, 443; 1990, IV, 531。

［27］欧洲人权法院第二庭2000年5月30日第31524/96号上诉判决。

［28］S. Ginossar, *Droit réel, propriété et créance: élaboration d'un système rationnel des droits patrimoniaux*, Paris, 1960.

［29］近乎无法穷尽的文献，参见 M. Comporti (a cura di), *La proprietà nella Carta europea dei diritti fondamentali*, Milano, 2005；关于私人与集体，参见 Centro nazionale di prevenzione e difesa sociale (a cura di), *La proprietà nel secolo XXI*, Milano 2013; G. Alpa-A. Fusaro, *Metamorfosi del diritto di proprietà*, Matera, 2011。

［30］参见 C. Irelli, *Proprietà pubblica e diritti collettivi*, Milano, 1983。

权利与物

一、所有权的对立面

在 2012 年年末,一本题为《共富论》(*The Wealth of the Commons*)[1]的文集在美国出版发行。以"共富论"为题,表明亚当·斯密及其《国富论》(*The Wealth of Nations*)仍然具有强烈的象征意义。这种现象早已发生在信息世界这一新维度所创造的氛围中,尤查·本科勒(Yochai Benkler)在《网络财富论》(*The Wealth of Networks*)[2]一书中对此作了全面分析。这本书在某种程度上仍采纳了亚当·斯密的建议,而《共富论》则与之背道而驰,正如该书副标题所清楚表明的那样——"超越国家与市场",尽管这富有争议。这是一种截然相反的立场,它体现了对作为古典模式之基础的所有权逻辑的逐步抛弃。

我们所面对的并非一个全新的问题。1964 年,查尔斯·赖克(Charles Reich)发表了一篇题为《新所有权》(*The New Property*)的文章,该文极大影响了科学研究及法院的立场。[3]

在探讨形式上被界定为"非所有权"的情形时,该文采用的方法是将那些围绕所有权的历史模式而确立的特征同样赋予这些"非所有权"的情形。因此,"新所有权"是令人安心的过去在新世界的"投影"。

这是一个既不新颖,亦不可预测的制度性举措。所有权制度由于其历史及社会根源,已经表现为最有力的法律保护形式,只要有强有力的保护需求,就应该采纳该制度。例如,在意大利经济体系的核心中,以企业取代所有权就意味着要重构公司权利,改变所有权的类别。[4] 就《劳动者法》(*Statuto dei lavoratori*)加强对就业的保障而言,人们谈论的是"真正的"保护,认为工作是一种财产,并为其提供所有权式的保护。

2003 年,美国学者詹姆斯·博伊尔(James Boyle)在《法律与当代问题》(*Law and Contemporary Problems*)杂志的开篇提出了一个激进的问题:"所有权的对立面?"[5](The Opposite of Property?)该文分析的重点不再是所有权的模式,而是既非个人主义的,也非排他性的对物的不同管理。当然,这并非涉及所有类型的物的管理。然而,这种深刻的视角转变还是使传统制度进入尾声,因为单独所有模式不再被视为所有希望得到法律特别保护的利益的必然落脚点。

在这两项研究之间的四十年里发生了什么?佛朗哥·卡

萨诺（Franco Cassano）提出的"共有*物的理性狂热"[6]在全世界蔓延开来。这种狂热渗透进了有序的法律世界，并被视为新公民（homo civicus）的特征之一，从而使这种新公民摆脱了所有权执念——这一曾使他们与其同胞渐行渐远的执念——的桎梏，同时也使他们重新寻找到了社会纽带的线索。在这一结合了理性与狂热的矛盾体中，存在一种方法论上的指引。共有物需要一种不同形式的理性，这种理性能够反映我们正在经历的社会、经济、文化和政治层面的深刻变化。因此，我们必须超越公共所有权与私人所有权这种在过去两个世纪中占据西方思维主导地位的二元方案和二元逻辑。这些都被投射到公民权层面，通过人、人的需求以及能够满足这些需求的物之间建立的关系，改变了被定义为公民权的权利以及行使这些权利的方式。

  这并不是一个突然的感悟。[7]这是反思"基本物"的结果，而这些物是保障人们享有基本权利、辨别集体利益以及确定使用和管理这些物的方式所必须的。"集体利益与非所有权的情景为制度世界赢得了第三维度，二维制度世界的信徒们在这个维度中忐忑不安。"[8]一种非所有权的情景出现了，这种情景具体表现为保障与满足个人需要，而这种需求也正是从

---

 * 本文所言之"共有"，并非民法意义上的共有，而是取发端自罗马法的"一切人所有"之意，特此说明。——译者注

可怕的所有权

物质生活现实和宪法文件所赋予的重要性来考虑的,所以今天谈论"宪法化的"人是有法律依据的[9]。共有物的复兴就此开始。

乍一看,《意大利宪法》本身似乎采纳了二元方案,因为该法第 42 条第 1 款规定,"所有权分为公共的和私人的"。但该法第 43 条体现了第三维度,该条特别规定,"必要的公共服务、能源、处于垄断地位且具有显著公共利益性质的特定事业和特定种类的事业"可以被委托给"劳动者团体或用户团体"。如此一来,宪法便采纳了这样一种制度逻辑,即将某些物的非个人主义的利益从公共所有权的强制性规定中解放出来,并将其交由国有化技术处理。很显然,这在私人所有权与公共所有权之间开辟了第三条道路。我们需要通过分析第 42 条中的两个基本内容,即确认所有权必须是"所有人都能获得的"(accessibile a tutti)以及赋予所有权"社会功能"的作用,来更好地说明这第三条道路的范围。参照制定《意大利宪法》之时的情形,我们有理由认为,该法使用"获得"(accesso)一词旨在表明每个人都有权根据个人所有权的模式成为特定物的权利人。"所有人都是'所有权人',而非'无产者'",《天主教民主党关于新〈宪法〉的说明》[10]带着明显的辩论精神如此写道(在制宪会议中,该党代表在起草第 42 条时发挥了重要的作用,而且毫不保守)[11]。然而,恰恰是最近的研究,使一个与所有权的取得（acquisizione）不一定相关的"获得"（accesso）概念逐渐浮出水面。"获得"与"所有权"被认为是互相独立的范畴[12]，二者在不同情况下甚至存在潜在的或现实的冲突。一个人可以在不拥有所有权人身份的同时获得和使用物。在这个意义上，宪法上的"获得"完全可以被理解为实现物之利用的一种手段，而非必须对物为排他的占有。因此，我们已经超越了第43条规定的范畴。正如过去从形式上的所有权与实质上的所有权对立的角度区分所有权与管理，"所有权"与"获得"的区分也一直是讨论的重点。

这改变了人们对所有权的看法。"正如自由主义理论所认为的那样，所有权不需要局限于排除他人使用或享有某些物的权利，而是同样可以包括不被他人排除使用或享有某些物的个人权利。"[13]用旧的术语表述的话，可以说是从"排他性的"所有权变为"包容性的"所有权。更准确地说，这种情形可以被描述为法律承认同一物属于不同的主体和利益。"排他"的问题因此变为"可获得"的问题。

这反映了新理性对所有权类型的必要调整，在对社会功能的历史范畴的始终有争论的研究中得以进一步发展。作为所有权行使之限制和约束的集合的社会功能，也被视为一种界定权利内容的手段，从一开始就限制了所有权人可以行使的权能。但它也被描绘为多个主体有关某些类别的物的决策权。

实际上,在某些物处于利益"星团"的中心,作为其特征的"权利束"也包括多个主体时,这种特殊性意味着以明显不同的形式让代表它们的人发声,一种参与式的模式便浮现出来。

因此,所有权类型的变化也导致了物的分类的变化,共有物亦再度出现,并具有无法被还原为历史上的已知模式的特征。例如,如果认为有必要从传统上被视为公共物的类别开始进行新的分类,那么这种新的分类不能局限于对共有物的思考,而忽视或轻视影响这些物的整体变革。对共有物的定义可以从这样的思考出发,即认为它们具有归属于集体并抽离于市场与竞争的逻辑的特征,它们是实现基本权利以及人格自由发展所不可或缺的有体物和无体物,并且为了子孙后代的利益而必须保存它们。然而,除了这些物,还需要注意其他类别的物,例如,那些对于履行国家机构职能和实现特定社会目的而言不可或缺的物,以及那些必须"发挥价值"从而使集体可以从中获得最大利益的物。这也决定了概念上的财产(asse)的转变,因为我们不再是从财产归属的主体,而是从财产在社会有机体中必须履行的功能开始思考财产本身。

因此,对共有物的关注并不完全是为了建构一个新的物的类别。所有权的抽象性消解在需求的具体性中,而需求的具体性则主要通过将基本权利与满足这些需求所不可或缺的物联系起来而体现。

这带来了一种深刻的变化。基本权利、获得与共有物勾勒了一个重新定义人的世界与物的世界之间的关系的情节。至少在过去的两个世纪里,这一点基本上是以所有权为媒介实现的,每个人都可以通过所有权这一媒介实现对必需物品的排他使用,而这一媒介现在备受质疑。所有权,无论是公共的还是私人的,都不能包含和穷尽人/物关系的复杂性。这些关系现在由非所有权的逻辑处理。

这种逻辑使我们超越物的世界,使我们回到人的完整性以及人的所有基本权利。其中,公民身份的历史范畴备受质疑。当公民权成为那些时刻伴随着人的权利时,这种无限空间以及这种新"共有"的确定,使公民权广泛存在于全世界,而这无疑是对对立的、民族的、纯粹基于身份的公民权的挑战。

因此,我们可以恰当地称之为"共有物的革命",这种"革命"影响广泛。实际上,我们所面对的不仅仅是对传统范畴的修正,而且是本文一开始提到的那种新的理性的出现。这种新理性以人与外部世界之间日益紧密的联系为基础,具有一种扩张的力量,并延伸到全球性社会有机体中人的地位的重新界定。而这正是通过所要保护的物的特征(如由网络知识所表现出的共有特征)来确定的。

二、所有权与获得

为了更好地理解这一极为错综复杂的事件,我们不仅需要了解在过去几十年间阐明的所有权的形式以及重新界定物之类别的成果,还需要回顾更为遥远的过去的内容,这其中就包括阿历克西·德·托克维尔(Alexis de Tocqueville)的观点[14],即在所有权的伟大"战场"上,将再次出现"伟大的斗争和伟大的政党"。值得注意的是,自由保守主义者托克维尔并没有将自己局限于"所有权即自由"这一公式上,即并没有局限在纯粹个人主义的维度之中。当所有权制度成为社会事务时,冲突便不可避免,这也构成所有权制度的动态特征。无独有偶,伟大的法国社会观察者奥诺雷·德·巴尔扎克(Honoré de Balzac)于1844年选择了"有财产就有战争"(*Qui propriété a, guerre a*)作为其小说《农民》(*Les paysans*)最初的标题。同样,战争被认为是唯一可以描绘冲突之严酷性的形象。[15]

这种冲突持续不断,对托克维尔而言,"战场"基本存在于土地所有权之中,而且已逐步扩大。今天,从水到空气再到知识,共有物处于真正的全球冲突的中心,新闻报道证实了这一冲突具有直接的政治性,而且不能被纳入公共所有权和私人所有权之间的传统关系的框架。

新的表述正席卷全球:自由软件,无版权,自由获得水资源、食物、药品和互联网的访问,这些不同形式的"获得"行为披上了基本权利的外衣。联合国大会曾通过一项决议,承认获取水资源是每个人的基本权利,并强调每个人有获得"充足食物"的权利。恰恰是围绕着这些物,冲突变得越来越激烈。这些迹象具有持续性特征。世界上许多地区正在发生真正的"水战争"[16];对未来的预测表明,人们正面临着缺水的风险以及一系列且主要是农业上的生产困难;在意大利2011年的公投中,有2700万人对公共供水系统私有化提案投了反对票,水也因此被纳入共有物的范畴,有关水的问题也无法回避。

此外,各个国家以不同方式承认访问互联网是一项基本人权——这些国家或通过宪法(如爱沙尼亚、希腊、厄瓜多尔),或通过宪法机构的决议(如法国宪法委员会、危地马拉最高法院),或通过普通立法(如芬兰、秘鲁)承认这项权利。此外,奥巴马的宽带计划包含对公共服务的新的重大解释;欧盟以及欧洲委员会早已表态支持互联网访问权。这些议题在网络上被激烈讨论。随着人们有目的地使用网络,以及随之而来的对这些使用者的压制和审查措施,诸如"阿拉伯之春"这样的事件甚至促使人们呼吁承认自由使用社交网络平台是一项基本人权。一些官方文件,如联合国人权委员会特别报告员弗兰克·拉吕(Frank LaRue)于2011年5月提交的报告明确重申了访问互联网的基本权利特征。[17]此外,将访问互联网视为基本人权,意味着赋予此种权利以作为实现其他基本权利(尤其是自由塑造人格权以及言论自由权)之必要条件的功能。在意大利,我们可以通过以下方式修改《意大利宪法》第21条之规定,将以基本权利的形式提供的宪法保障引入意大利的制度:"每个人都有平等的权利以技术上恰当的方式访问互联网,消除所有经济和社会障碍。"[18]正因如此,蒂姆·伯纳斯·李(Tim Berners Lee)在反驳另一位互联网创始人文顿·瑟夫(Vinton Cerf)对他的批评时,将访问互联网与获得水资源相提并论。这恰恰强调的是人与物的关系,与之相关的权利则是允许每个人具体处置其生存必需品。

"获得"因此备受瞩目,其从特定情形下的工具性特征(获取行政文件、个人数据)逐渐变得具有自主性,从而被确定为一种行为方式,并被视为确定个人在其生存环境中的地位的必要权利。被视为个人基本权利的获得,是脱离所有权担保的、联通权利与物的必要途径。绝非巧合的是,这种发展伴随着其他的制度变化,所有这些变化都是为了使知识及其流通能够摆脱限制。正如冰岛的法律使网络成为一个真正的自由空间,成为一个完全自由的地方,即使是保密的文件也可以在网络上合法公开。

这种趋势是明显的。一系列的资格被逐渐明确定性为公民权,或被定性为人的宪法化所固有的权利,这意味着发展出了一种能够满足这些权利直接需要的物的制度工具。它们首先是那些确保生存(水、食物)和人格平等与自由发展(知识)所必需的物。由于这些物具有此种功能,它们越来越被视为"共有物",以表明它们与人及其权利的联系。当我们把获得这种物的权利称为人的基本权利时,我们实际上是在做两件事:把"宪法化"的人的有效构建委托给所有权以外的逻辑,即纯粹商业维度以外的逻辑;我们并非将获得权配置为一种纯粹形式的法律地位,就像一把打开通往空房间的门的钥匙,而是将其配置为一项工具,从而使有关各方无需任何其他媒介即可立即使用该物。

对互联网的回顾向我们展示了网络是如何因访问这一基本权利的地位的逐渐确立与扩张,而成为一个公共空间的。因此,某种"公共资源"的产生正是由一项基本权利的承认所致,而在这种情况下,就像我们已经提到的公民身份那样,这种"公共资源"具有真正的全球特性。

三、共有物与社会纽带

在我们可以列举的众多例子中,下述事例向我们展示了托克维尔所说的持续性的和非持续性的要素。例如,由于受到稀缺性的影响,土地不允许"竞争性地"使用,即不允许多个主体的类似或同时使用。诸如水等重要物资也具有稀缺性。其他物的情况则显然不同,比如,知识在网络上就不具有稀缺性这一自然特征,因此它可以被非竞争性地使用,而且它本身也就是一种共有物。

如果我们把注意力转向所有权中不同类别的物,并以历史的而非意识形态的视角来研究这些类别,也许就能开始对我们所面临的现实作更为充分的分析。众所周知,即使私人所有权在西方个人主义现代化中取得了各种胜利,公共或集体管理的物这一类别也从未被完全摒弃,而上述胜利的背后也并非仅仅留下了其他制度的"遗迹"[19]。国家和集体关于所有权的强制规定也未能完全消除某些物排他地属于个人的现象,尽管这只限于与日常生活有关的物。恰恰是公共/私人所有权这种二元逻辑现已不再完整。因为它越来越被归属于不同类别的共同财产的多样性突破。然而,我们不应该用旧的眼光看待这一现象,即将其简单视为回到了英国"圈地运动"和单独所有权占主导地位之前的时代。这与其说是"占有的另一种模式"的回归[20],不如说是对"所有权的对立面"的必然构建。

这一点之所以值得我们仔细思考,并非因为要从过去中解放出来,而是因为部分共有物领域的重构显然或隐含地涉及现代化之前的情形,我们有时需要对这些情形进行重新评估。"在新的中世纪,反抗和起义的时机似乎已经成熟。"[21] 在此,我们看到了曼努埃尔·卡斯特(Manuel Castells)眼中"制度的新中世纪主义"[22]的共鸣,从"根据定义,网络有节点,但没有中心"[23]这一多中心主义的前提出发,"主权权利分散在没有等级且不固守同一领土的行为人之间"[24]。这一现象的谱系使我们注意到,"新中世纪"这一在冷战年代提出的概念,近年来(特别是在欧盟的创建过程中)变得越来越流行。[25]本文无法在此就这一复杂的文化多元性问题进行详细研究,但应注意到的是,这一问题已经构成从"公民宪法"[26]的多元角度重构全球化发展的重要参照,在共有物方面存在两种表面上互相矛盾的可能指引。事实上,如果新中世纪主义强调多中心的存在,而且这些中心不能被简化为"共有"的逻辑,每个中心都由不同利益相关者管理,那么"共有"的统一基础就不可能存在。另外,如果各种物所处背景的多样性使掌握每种物的特殊性成为可能,那么这种实证分析能让每种物均释放其潜力。有观点指出,对共有物这一术语的广泛使用"可能会损害该术语表达的效果,使其意义变得平凡无奇",因此"必须努力把握贯穿该术语不同用途的共同特征,以便了解在何种程度上可以围绕其定义构建一个统一的物的类别"[27]。因此,这种分析和重构工作也带来了对获得与管理之间的关系,以及对"参与"这一术语的含义本身的不同形式的研究。

例如,如果我们检视网络上的知识,反思作为讨论焦点之一的"数字公共资源",我们会立刻认识到这种资源的特殊性。

可怕的所有权

卢西亚诺·加利诺(Luciano Gallino)正确地称之为全球公共物(bene pubblico globale)。[28]但恰恰是这种全球性特征,使基于用户群体的制度管理方案存在问题或不可行,而这种方案在其他情况下则是必要且可能的。这种群体如何能从作为网民的数十亿主体中被抽象出来?我们所面对的,用埃莉诺·奥斯特罗姆(Elinor Ostrom)的话来说,是一种可以被定义为"并非基于群体"的物。同样,这是对常规分类的一种挑战,不论这种分类是旧的还是新的。对网络知识的保护,不涉及对管理者的认定,而涉及对物之使用条件的界定,这种使用条件必须让所有相关方都能直接获得物,尽管由于生产方式不同,对知识的直接获得需要有所调整。因此,参与模式在此并不适用,同时,物之使用的可能并不需要通过资源再分配政策实现。正是这种"构建"物的方式使物能够被利益相关者获得。

因此,必须考虑的是每种物的特征而非其"性质",即其满足集体的需求和使基本权利得以实现的能力。共有物是"分散的所有权",它既属于所有人,也不属于任何人,因为每个人都必定能获得它,同时又没有人可以对其主张排他性的权利。我们必须在连带原则的基础上对这些物进行管理。同时,这些物包含了未来的维度,因此也必须从子孙后代的利益出发对其进行管理。在这个意义上,它们是真正的"人类财产",每个人都可以保护它们,甚至都可以通过法律手段来保护那些远离其居住地的物。

关于权力分配的竞争是开放的。知名学者卡尔·威特福格尔(Karl Wittfogel)通过"水力社会"的建设来描绘东方专制主义[29],这种制度允许统治者对经济和人民进行独裁统治。公共和私人力量仍在争夺像水这样稀缺且珍贵的资源,并以同样的决心争夺像知识这样丰富且同样珍贵的资源。面对新的专制主义,共有物体现的非所有权的逻辑的兴起,使其再度成为"所有权的对立面"。诸如古罗马的经验等其他历史可以帮助我们更好地理解这种观点:在古罗马,对水的管理和必要基础设施的建设——随处可见的水渠遗迹证明了这一点——被视为维护社会凝聚力的一种手段,以至于直到帝国时期,私人都被禁止在其住所拥有水资源。

为逃脱充斥在共有物的反思中的意识形态陷阱,历史方面的许多分歧仍有待研究。例如,物的使用和利润的创造之间的分歧;物的可支配性与阻碍他人使用该物的"封闭性"之间的分歧;所有权与智慧创造之间的分歧;实体物与虚拟共有物之间的分歧;经济价值与沦为商品之间的分歧;地方视角与全球视野之间的分歧。争论的焦点正是作为"全球"共有物的知识[30],对此,人们反复强调,知识不能成为"封闭"所有权的客体,我们这个时代不能再度上演十七、十八世纪英国的"圈地运动",即将知识从共享的范畴中移除,从而将其赋予个别所有权人。土地生产力的提高这一论点被用来证明"圈地运动"这一遥远历史事件的合理性。但今天,以通过互联网可以接触到的知识为代表的无边无际的新共同疆域,不能成为企图将无限制的资源变为稀缺资源这一贪欲的对象。这种贪欲只会使这些资源逐步封闭,最终只有那些愿意和能够付费的人可使用。那么,知识从共有物变成全球商品了吗?

如此一来,共有物的存在表明,这个世界不可被市场逻辑简化。它展示了一种限制,阐明了一种可持续发展的新方向。这不仅与不负责任地消耗自然资源的风险有关,而且与反对从人们身上剥夺科技创新提供的机会的必要性有关。否则,"技术开门、资本关门"的预言就会成真。而且,如果一切都必须完全符合经济理性,那么结果很可能是像卡洛·多诺洛(Carlo Donolo)所描绘的那样,构成"对社会道德基础的侵蚀"。

在这样一个更加广阔的视野中,已经消失或被忽视了的术语再次出现。"共有物"这一曾在本位主义的狂热和利益的极端个人化中失去踪迹的词汇,在共同所有之物的多元化中得以重现。由于这些物摆脱了排他使用的逻辑,并且它们的特点正是分享,"社会纽带"这一被互联网证明了的集体行动的可能性以新的力量被表现出来。保障共有物永续存在的需求,要求我们必须考虑被短视行为抹去的"未来"。"平等"的议题也不可避免地再次回到我们的视野之中,因为共有物不能容忍在获得方面的歧视,除非以急剧倒退至种姓社会为代价——在这种社会中,生活基本物品的获得或多或少取决于每个人财产之多寡,基于财产调查的公民权也因此回归。这样一来,围绕着共有物,便产生了"民主"和每个人权利之赋予的问题。

恰恰是在全球维度上,这些思考具有特别的意义。事实上,迄今为止,在这个维度上占据主导地位的私人经济逻辑产生了双重效果,即"主权的商品化"和"全球利益"观念的匮乏。那么,依靠一种不同逻辑的可能性也与"保护地球公域"[31](确切地说是保护那些不能再被简化为市场标准而且不能被封锁在国界中的共有物)的意识有关。

四、公有、私有与共有

选择此种不同的出发点,显然不会为整个物的世界带来某种归纳(reductio ad unum),而是提供了一种新的分类,而这种分类较公共/私人逻辑设定的分类而言更为丰富,并能包容每种类别内部的不同之处。如果每种类别的物所涉目的的重要性越发显著,那么这种类型的修订需要重新关注各种目的所涉主体的确定。实际上,仅仅关注物之所有权人的形式资格是不够的。自二十世纪三十年代以来,由于阿道夫·伯利(Adolf Berle)和加德纳·米恩斯(Gardiner Means)的研究给所有权理论带来了深刻的转折[32],股份公司所有权与控制权的分离被强调,其路径是从少数人的控制(随着公司规模的扩大和股权在公众中的扩散,少数人的比例越来越小,但仍以所有权为基础)过渡到经理人的权力[33](然而,他们逐渐试图通过分配股权和股票期权来整合资本)。从权利的实际归属角度分析,私人所有权分为形式上的所有权与实质上的所有权:实际上管理物的人可能不同于形式上的所有权主体。法学家们已经注意到了这一点,他们不仅摆脱了教义学的束缚,而且对所有权模式的政治和战略意义提出了不同的看法。因此,我们谈论的并非"一个"所有权,而是复数模式下的"多个"所有权[34],但是我们不能简单分析这种复数模式,将其视为回到了十九世纪法典和学说统一之前的多元化的所有权制度。

在公共事务方面,以财产定义政治制度并非仅仅是在近代出现的立场,也并非只是现代的做法,这一点可以从财产国家的特点以及君主和领土之间的直接关系中得到证实,例如,在英国,即使只是在形式层面上,这一点直到1925年的法律都没有改变。但是,生产资料的国家所有权是二十世纪社会主义国家的特征,个别国家的集体主义经验(如以色列的基布兹)从根本上限制了个人所有权的范围,强化了未分割的所有权。我们必须牢记这些伟大而悲惨的经历,但本文不再对此作详细研究。然而,有一种情形需要从尚未被充分分析的混沌中被抽离出来，这涉及"个人"所有权这种类型，并被视为满足最低限度的需求所不可或缺的物的最小集合。这是一种令人不安的还原论，但它凸显了人与物之间的纽带，这种纽带不能被完全切断。相反，当人在其宪法的完整性中得以重建时，这种纽带可以被完全恢复，并超越任何最低的限度。事实上，这意味着完全恢复这些基本权利，进而确定与这些权利及其满足在功能上相关联的物，而这完全无涉私人所有权的模式。因此，这首先涉及的是共有物。

尽管只是简要重建一个错综复杂的历史事件，但可以说，共有物已经逐渐成为不可忽视的存在。然而，正如上文所言，这种革新的重要性可能以扩充共有物的列表为代价。这种扩充则会使共有物失去分析和重构的力量（如果所有物都是共有的，那么对共有物的具体识别将毫无意义），并可能以原教旨主义脉络的假设为代价，这让共有物的概念更加接近一种意识形态。因此，界定这一表述的使用条件（尤其是当这一表述被赋予规范价值时）主要是法学家的工作。

此外，对共有物的强调更像一种范式的转换，而非重新发现法律制度中某一从未消失过的事物——集体所有权现在被视为一种遗迹，一种潜在的力量。如果想要探寻一些历史、政治和制度的谱系，我们需要留意那些失败的尝试，尤其是二十世纪七十年代通过"反向"国有化和逐步将企业所有权转移给员工所建立的非所有权的制度。[35]作为政治活动创造的一种无法逃脱的范式[36]的现代私人所有权成为近代市场信仰之基础的新"自然"权利的核心；而上述失败尝试的关键在于，共有物可能才是最能为现代私人所有权画上句号的概念。但是更具体和更严格地说，从《意大利宪法》第3条提及的把"人的全面发展以及有效参与国家政治、经济和社会组织"结合起来的角度看，我们首先必须把共有物视为摆脱了对财产的完全依赖的人所不可分割的要素。

这种革新的非所有权模式在文化上和政治上最重要的特点是将中心位置交还给社会纽带。它批评个人主义模式，但不否认个人自由，这种自由反而在与基本权利的联结中有效扩展，并获得了实现其所必需的条件。但共有物的光芒可能过于炫目，并会让人忽视公共所有权与私人所有权。人们往往只考虑共有物本身，而忽视其所产生的体系效应。公共所有权也必须从禁锢它的公产与财产的传统抽象模式中解放出来，从国家及其机构的应有职能的类别转化为保障最具经济价值的物的类别。[37]就私人所有权本身而言，它不仅在排除所有权人之外的其他利益模式方面被相对化了，还必须根据构成私人所有权客体的物的能力来理解和规制。这也与个人所有权"处于社会之中"这一事实有关，监管计划和环境规范等多种法律工具均表明，个人所有权中"公共的"和"共有的"部分的重要性越发突出。

实际上,人不仅仅通过共有物投射于世界之中,就基本权利与物的关系而言,前者的重要性亦并非局限于这一维度。正如上文所言,共有物所建立的关系的特殊性在于这些物的能力。这种能力在历史上通过共有物与基本权利的联结而得以确定,从而满足宪法化的人的需求,而非满足对物质生活漠不关心的抽象主体的需求。这超越了一种对遥不可及的基本权利视野的反思。共有物与基本权利的交叉丰富了个人权力,反过来又为有效参与民主进程提供了必要的前提条件。可以说,这为人和公民的重新结合创造了一个新的机会。一个超越个人与国家的"共有"空间得以确定。"正是这种超越国家和个人的维度成为共有或集体空间的特征要素,其重要性和普遍性似乎正在增加并越发显著。"[38]

共有物也延伸到了一个更广的维度,它不仅涉及基本权利,还涉及保护生态环境和保卫人类生存的治理方式的变化。显然,此处也存在权利,即保护环境的权利,以及这一权利所涉及的主体——人类、后代。

"超现代以及全球化进程充斥着虚拟的、认知的和规范的物。"[39]当然,这些物并非一定是共有物。然而,正是在这一维度上,"共有的"是确定治理全球性变化(这是一个不断变化的进程,而不是一蹴而就的现象)所需资源的不可回避的问题。

当然，这些资源本身也可以被视为需要保护的物：各种形式的知识（不仅是由技术创新所产生的，而且也是几个世纪以来的文化、传统、经验以及"技能"的历史沉淀），自然资源，文化、环境、考古以及景观财产。对于这一类物，既存在保护问题，亦即使其远离新的"封闭"，避免陷入为进入商贸领域而构建制度条件的逻辑，也存在着"利用"问题，避免发生"反公地"以及低估物之潜力的悲剧。

这进一步确定了共有物的特点，即委托给各种形式的管理、参与和获得的集体行为；委托给有关各方之间的相互信任和有效沟通（这也是为了降低交易成本）；委托给可以适应各种情况及其发展的规则。

五、超越国家主权

因此，共有物是多维的。这些维度均有助于展现共有物的存在方式。然而，共有物与每个人生活的密切关系并没有使其进一步变为封闭且分裂的"个人社会"的组成部分。正如共有物体现了所有权的对立面，它也勾勒出了个人主义的对立面，即个体与社会之间不断交流与互动的社会。在这样的社会中，社会纽带的重建恰恰成为中心议题。不过，与此同时，"共有的"这一词可能会造成一种误解，即认为共有物属于集体的维度。在此，集体与那些允许该集体成员自由行使放牧权、伐木权、汲水权的物之间的关系的历史观点仍然发挥着作用。然而,在我们所处的这个阶段,共有物的特征之一存在于它们从系统边缘进入中心的上升运动中,这使从旧模式中得出的结论几乎不再可行。从人及其权利开始,共有物的新范围延伸到这一边界之外,并将人本身投射到其所居住的范围以外,因为人们的相互依存关系决定了生活用品的获得——生产方式、国际贸易逻辑、对环境和传统的保护。是"共有"[40]而非"集体"的逻辑支撑着全球共有物这一越来越大的空间,除非"集体"意指"人类集体",从而与封闭的边界相对:这些边界看起来虽然是保护性的,但实际上与归属的观念紧密相连,这会导致那些有不同的归属主张且在同一物上有竞争性利益的人之间的冲突。例如,让水不再依赖任何形式的公共主权或私人统治权,不仅是为了更公平地分配水资源,也是为了避免毁坏性冲突,即"水战"的发生,这种战争可能已经成为我们未来的一部分。从这个角度看,是否可以勉强认为共有物有助于实现难以捉摸的和平? 更谨慎地说,可以看到,作为基本权利保障以及作为共享资源的共有物,其发展的方向既非朝着专制,也非朝着共同价值之工具。

然而,必须仔细考虑"共有"的统一标准与共有物的多元性之间的辩证关系,以避免在所涉群体之间产生分裂和对立。实际上,新的"封闭"恰恰可能是由这样一个事实所导致的,即一个特定的群体，不论其规模如何，均要求其附属物与其他不同群体的利益没有关联。

在将某种类别的物视为共有物时，对其根源及其历史发展的研究可能会导致另一种误解。共有物的重要性及其受保护性，是由该物的性质及其超越偶然性的本质特征所决定的。对生态系统的关注是工业发展造成破坏的结果，正如对景观的文化性构造是要求将该景观脱离所有权逻辑进行保护的缘由。领土的变动使人们被逐出他们生活的土地；在农业及其产业方面设置专利，使食物权获得了新的含义。没有科技创新这一背景，对于生命的占有以及诸如共有物等知识是不可想象的。我们还可以继续列举。但是，"自然的"并非人及其一般需求的一致特征，因为后者除与人的生存有关外，还与人所处的文化和制度建设密切相关，与人从不确定的需求世界转移到基本权利的严苛世界密切相关。将共有物与其本质或性质相联系，表面上看是赋予了其坚实的基础，实质上则引入了一种限制，这可能使非形而上的文化和历史成果难以被界定为共有物。

此外，由于共有物给我们带来了不同的视角，我们确实有可能超越西方模式及其"所有权的个人主义"，并通过历史的和比较的研究使这种个人主义相对化，这清楚表明此种相对化必须被视为对人与外部世界之间关系的可能的修正之一。在此我们可以看到，所有权与主权存在复杂且危险的交叉，这可能会导致对共有物的破坏。我们在讨论中经常提及亚马孙雨林,并坚持强调投机性干预不仅会危及当地的生态系统,而且会危害全球生态系统中的一个重要组成部分。巴西被要求保护一种被视为人类所"共有"的物,这与包括国家对其资源的自由处分权在内的主权国家视角相冲突。为解决这一冲突,必须超越所有权与主权,形成连带的概念,强调对作为全球生态系统组成要素的共同利益的保护必须伴随着对所有利益相关主体的补偿。这样一来,人类便从模糊的主体性"迷雾"中走了出来。同时又必须以国家的名义用尚待确定的方式补偿巴西所做的具体贡献。事实上,在这种情况下,由于这些物已经归属于某一国家,不再属于国际条约规定的权利的客体,故我们不可能像海床、外层空间和南极洲那样,将之定性为全人类的财产。

六、生存与共有物

因此,共有物不仅仅表现为所有权的对立面,还表现为主权的对立面。尽管共有物旨在实现社会目标和满足基本权利,但它们创造了一种忽视形式上的所有权主体的制度条件。它们属于所有人,但不属于任何人:所有人都可以获得共有物,但没有人可以声称对其拥有专属权利。它们是因自身原因成为共有的,因此必须基于平等和连带原则进行管理,从而使有关人员能够有效参与和控制;同时应将其纳入未来的维度,其中反映的连带已有代际性,即成为对未来世代的义务。在这个意义上,它们往往构成真正的"人类财产",对它们的保护也被赋予了广泛的合法性,赋予了每个人采取行动保存、保护和保障它们的权利。运用这种权利多重归属的手段,共有物促进了积极和平等的公民权。

水因其特殊性,现已成为全球政治议题的一部分,这对于水本身及其影响其他共有物的方式而言具有特殊意义,因为就其他共有物而言,水是一个必要的前提条件。水权也是包括诸如健康权、食物权甚至生命权在内的其他基本权利的基本条件。

生存与共有物之间的交错显而易见。当健康权以药物获得权的形式出现,并不断挑战专利权保障的所有权逻辑时,这种交错便显现出来。如同在面对其他有关共有物的议题时那样,在此我们所面对的也并非一个连贯的进程。每一个转变都是困难且充满争议的。这是一场于诸多层面进行的游戏,多种行为者参与其中。

个人与国家、国家主体与国际主体、制药公司与公民组织之间冲突不断。然而,尽管仍然存在一些根深蒂固的阻力,作为一项基本权利的健康现已获得越来越广泛和强烈的认可,成为一个不可忽略的起点和一个基本的参照点。尤其是在那些生命健康之保障与市场逻辑的冲突更为明显和激烈的国家,所有权之外的方案越来越受到关注。

在这场持续性的冲突中,我们面对着多种可能的方案,这些方案虽不尽相同,但往往互补:强制许可等工具或平行进口等实践中新的利用方式;政治权力的密集行使;国家联盟的非正式出现(这是巴西、南非和泰国等国家选择的道路,并得到了这些国家的最高法院的支持)。

当健康这一基本权利遇上知识,专利权便成为"战场"。巴西、南非和印度等国承认生产低价药品(并在某些条件下允许出口)的权利,这虽然意味着对大型跨国制药公司权利的侵犯,但这些药品对于数万艾滋病或疟疾患者的治疗而言是不可或缺的。从这个角度看,知识的获得成为一项必要条件,以避免健康被那些认为它是一种市场上可购买的商品而不是一项基本人权的人完全支配。

因此,就像在药品生产领域发生的事情那样,问题的关键在于知识在所有权逻辑中的蜕变。这一影响知识整体进程的蜕变,使知识全部或部分转变为共有物。因此,我们所面临的不是基本权利与共有物的简单联系,而是通过基本权利塑造共有物。

七、食物权

在面对食物权时,共有物的问题表现为不同的维度。食物

可怕的所有权

权在其各种特定化的类型（如食物安全、健康、充足）中，真正成为全球公民身份的组成部分。对此，从1948年联合国《世界人权宣言》开始，到包括巴西粮食安全政策（2010年8月25日）以及肯尼亚新宪法（2010年8月27日）在内的新近法律的漫长历程清晰地体现了这一点。这些新近的法律是更为普世的思潮的具体表现，在印度宪法中规定的有关食物权的具体措施（每个月的大米量）的建议可资佐证。这一历程从自上而下的纵向方案（最著名的表述是"与世界饥饿作斗争"）转变为横向方案。在这一方案中，直接利害关系国成为这一历程的主角，同时也不削减更广泛的国际组织和国家所承担的社会责任。我们完全可以认为，我们所面对的是这项权利的"普遍"宪法化，而且它与构成不同法律体系中最重要的发展之一的人格宪法化的历程相符。

从这个角度看，对食物权含义与范围的逐步确定变得尤为重要。起初，《世界人权宣言》第25条将食物权界定为更普遍的适足生活水平权的构成要素之一。随后，在《经济、社会及文化权利国际公约》第11条中，食物权被更清晰地界定为获得"足够的"食物并在最低层面上达到基本自主的权利，即被定性为"人人免于饥饿的基本权利"。相关的讨论及后续的立法变革将产生一项涉及所有人类生存的复杂问题的基本人权。因此，食物权不仅成为公民身份的重要组成部分，而且成为民

主本身的前提条件。这一历程的不同阶段可以概括如下:

(1)从消除世界饥饿的一般斗争,到获得食物的具体权利;

(2)从家长式的方案,到公共机构的直接责任;

(3)从仅处于原则框架之中,到在特定条款中的具体承认;

(4)从围绕穷人、弱势群体建立的权利,到涵盖人类整体的权利。

事实上,承认这种权利的策略已逐步扩大,并考虑到了食品的生产方式:是仅仅依靠"刺激性的"超级资本主义经济[41],还是尊重所有生产者和消费者的权利,并以"慢食"(slow food)的方式来有效保护健康和环境。因此,根据《意大利宪法》第41条的示范性规定,食品安全也构成对经济活动自由的一种限制,因为该条规定私人经济活动"不得违背社会利益,或采取有损安全、自由及人格尊严的方式"。这样一来,食物权为基本权利的保护提供了更为广阔的视角,并将子孙后代纳入了需要考虑的行为者之列。

因此,"获得"被认为是确保食物充足的必要工具。但在讨论这一点时,也需要重新解释"充足"这一概念。充足意味着超越简单的免于饥饿这一最低限度。充足和安全的食物不仅可以滋养身心,而且可以保障尊严。这样一来,充足就不仅

可怕的所有权

被视为一个定量的标准,而且是一个定性的标准。让·齐格勒(Jean Ziegler)在提交给联合国的关于食物权的报告中强调,人们有权获得"足够且充分,同时与该人所属民族的文化传统相适应的食物,并确保——从身体和心理、个体与集体的角度看——充足且有尊严的生活,免于饥荒"[42]。如果我们想建立一个多元文化的世界,这种规定就具有特别的意义。因此,食物权符合人的尊严和对文化多样性的尊重(例如,《欧洲联盟基本权利宪章》第 1 条和第 22 条提到了这一点);符合不歧视原则(上述《欧洲联盟基本权利宪章》第 21 条);符合人格自由发展权(正如《意大利宪法》第 2 条和《德国基本法》第 2 条所规定的那样);符合世界卫生组织对健康的广泛定义,即健康是"一种完全的身体、精神和社会舒适状态,而不仅仅是没有疾病或不羸弱",是人的完整性(上述《欧洲联盟基本权利宪章》第 3 条)。因此,食物权证明了其自身能够成为多种法律原则的必然聚合点,能使这些法律原则具体化,并有助于建立一个新的政治和体制环境。

正如本杰明·巴伯(Benjamin Barber)在分析从公民到顾客的转变时所强调的那样[43],正是因为食物权能够成为一系列基本权利的参照点,它也被认为是反对所有形式的还原论,尤其是反对那些意图将人变为被动消费者,或者说是"被消费的人"的观点的有力工具。鉴于食物权已经逐渐精确化,它的全面落实正是为了避免这种命运,以及为了有效捍卫每个人的完整性和自主性。

如此一来,获得食物便成为公民身份的组成部分之一,食物权也因此必须被视为一项适应社会状况以及政治、经济和社会责任的分配与遵守方式的标准。这也意味着,食物权不可避免地以其不同的具体形式,承担在全球范围内保障人权的重任。为此,必须考察某些物与特定基本权利之间联系的实现方式。然而,正如上文所言,这种联系不一定要通过正式的法律程序展开,也不一定要基于具有约束力的规范实现。复杂的动态发展越发频繁,这些动态发展虽然能够以一些国际文件作为出发点,但其随后将能够有效施以效力的社会主体视为主角,他们首先提出并实际保障了全球公共物。

八、知识与公民身份

现今,知识在与网络的运作以及与互联网的现实相关联的视角中,展现出了特别的意义。互联网不仅使边界消失,还创造了人类有史以来最大的公共空间。因此,对这一世界的访问,以及对这一世界所生产和包含的知识的获得,成为理解共有物问题的关键。二者真正投射到整个星球上,日益显现出权力在这个世界中创造和再分配的方式。

在这个空间中,每个人都获得发表言论、获取知识、创造思

可怕的所有权

想（而不仅仅是创造信息）以及行使批评、讨论和参与公共事务权利的可能，从而可以创造一个人人平等、均能主张自己权利的不同的社会。但如果知识被封闭起来，交由市场逻辑来处理，并为排他机制所禁锢，无视其真正的性质，从而遏制使网络知识成为最典型的共有物的趋势，那么上述愿景的实现便会变得越发困难，甚至失去可能。信息和通信技术在越来越多的重大政治社会事件中发挥的作用，不断证实了将访问互联网视为一项基本人权的重要性。"阿拉伯之春"中，社交网络扮演的角色淋漓尽致地体现了这一点，这一事件甚至引发了有关"社交网络平台权利"的讨论。随着真正的全球公民身份逐渐浮现，民众参与政治生活的方式正在改变。这就要求我们将互联网视为一个"公共空间"，并拒绝一切形式的数字不平等、外部控制和审查制度。

然而，近期浮现出一个矛盾。知识越是扩大，越是容易获得，就越要使用著作权等工具，而这些工具又限制了对之前可以自由获得的知识的利用。电影业的情形便是一个具有说服力的例子，劳伦斯·莱西格（Lawrence Lessig）曾痛陈因版权问题而在电影制作中遭遇的限制。出于经济方面的原因，一件家具的设计师、一堵外墙的建造者、一尊雕塑的创作者，都出现在电影制作者名单中。这位成功的导演因此建议年轻后辈："你可以自由拍摄电影，只要你和你的朋友们是在一个空旷的房间中拍摄。"[44]

这个事例表明,且不谈对版权的实际滥用,该制度本身的扩大会限制以前被视为共有的物的使用,至少在自由使用的意义上是如此。但无体物范畴的扩大使所有权技术得以平行扩张,从而决定了新旧物的"封闭"。[45] 由此可见,仅仅强调"获得时代"的到来,仿佛这种新说法的中心地位可以使我们摆脱所有权带来的限制,这显然是不够的。获得逻辑扩展至其被确定为一项独立的权利,主要涉及不稀缺的、可以非竞争性使用的物,因此人们可以在没有所有权的介入时使用这些物。所有权逻辑在这一维度的介入,产生了一种"人为的"稀缺性,共有物也因此转化为只能通过市场规则获得的商品。

但是,我们也必须从另一个角度考察所有权与获得的分离。众所周知,通过使用特定应用程序而获得的音乐、电影或书籍,并不能让相关人员获得对这些客体自由处分的权限。他们只是通过遵守提供这些数字内容的许可证中规定的条件,在不超过他们寿命的一定时间内取得访问和使用这些内容的权利。这些极为详细且苛刻的条件恰恰排除了一系列的权利,首先是用户将其获得的内容分享给他人的权利。因此,这便在物的可支配性与物的所有权之间创造了新的分离,因为后者仍然掌握在他人手里。

这种获取无体物的方式的优势已经得到了不同程度的说

明。但人们没有充分认识到,这种方式剥夺了历史上人类构建身份的方式之一。将那些耐心收集的物视为是"我的"的可能性,并非只具有经济意义,而且还需要从获得它们的方式的角度进行评估。之所以关注某物是否是"我的",是因为通过多种多样的物,我建立了我自己的个性,这些物也可以成为这种个性的公开见证。这些物确实以某种方式纳入了"我的"身份。把这些物传给他人,很可能是把自己投射到未来的一种方式,从而保证自己实现某种最低程度的永存。收藏家将自己收藏的画作或书籍捐赠给博物馆或图书馆,条件或是这些藏品不被毁损,或是展示在以自己的名字命名的房间里,或是自己的肖像画以捐赠者的形象被悬挂在第一间展厅里。如果说知识变得越来越"共有",那么所有权的逻辑也不甘示弱。

有观点认为,这种限制是合理的,因为需要保护版权,而且我们购买的是一项服务,其价格远低于购买一张 CD、一张 DVD 和一本书所需支付的价款。但最重要的是,整个社会正逐渐围绕着无体物建立起来。报纸、纸质书已经式微。替代品也正在消失。

在这种社会组织方式中,知识是通过权利的分配而结构化的。其中,一面是使用的工具处于不稳定状态的大量"用户",另一面则是保留对知识的所有权并在许可证书中声明这种保留基本上是任意改变的使用条件的权利的主体。毋庸置疑,这种社会组织方式值得我们反思。此种反思促使我们超越仅与所有权逻辑相联系的方案,因为后者扭曲了自由构建人格与身份的方式。

因此,议会与立法者面临着新的挑战,这些挑战并不限于需要在所有权的排他性逻辑与共有物的包容性逻辑之间寻求平衡。公民身份这一范畴本身也受到影响。正如我们反复强调的那样,信息与通信技术所蕴含的真正民主新意,并不在于以电子公投参与决策的方式给公民带来欺骗性错觉,而是在于每个人都有能力利用网络的超凡"丰富性"[46]以及技术带来的大量知识,从而能够直接控制行使权利的方式、制定自主的议案并最终检验和确定新的社会组织形式。在这个广阔的世界上——前所未有的"直接"民主模式正在变得具体化,但并没有完全取代代议制民主——议会的首要任务正是保卫这个机会的海洋。同时,议会自身不仅需要采用新的通信技术,而且必须利用互联网多样化的形式来征求公民的意见,从而开辟一条使公民能够直接介入立法进程的道路,以此使民众的立法倡议得到关注。这样一来,代议制民主与直接民主之间的对立虽未被克服,但整合二者的新方式得以确定。因此,当议会民主扮演起整个社会的永久对话者的角色时,议会本身也得以重振,获得新的更为坚实的合法性。

从这个角度看,"民主是一种程序"这一表述在互联网构建的公共空间中得以具体化。但在这一空间中,"公共"越来越趋向"共有",社会互动和公共话题的产生可能会创造一个真正的"公民空间"。正是这种构思和使用互联网的方式不断受到市场逻辑的挑战:市场逻辑越强,网络的商业使用在数量上就越超过对其非商业使用。这使网络的使用从两个角度看是不平衡的。第一,如果将网络视为一个被消费驱动力侵入的空间,一种"世界范围的超级市场",那么它必须被组织化,以保障用户的安全。但这并不仅仅意味着要确保在网上进行的商业交易具有确定性和可靠性的特点,还要求网络呈现为一个和平、无菌的空间,没有任何东西可以干扰消费者的行为。这种观点得以正当化的论据并不限于打击色情制品这一点。事实上,我们可以察觉到一种排除任何"不悦"情形或挑衅式分歧的趋势:简而言之,一切主动提出的或被提出的偏离"正常"模式的东西都是不可接受的。其结果便是一种"市场审查",这破坏了网络"共有领域"的性质。第二,以支付为媒介的访问为最隐蔽的数字不平等开辟了道路,因为它在收入和获取知识之间建立起了联系。

  所有这些均使我们有必要回到平等这一议题以及它在网络世界中的呈现方式上,这也让我们很难提出一个完全基于机会平等而非结果平等的方案。一个无视个人实际条件的平等,不仅可能重新抛出"无产阶级财产"这一暗指每个人都有可以成为任何物的所有权人的抽象能力以及欺骗性平等的概念。更重要的是,它恰恰与网络知识的特殊性矛盾。也与获得知识的直接关系矛盾。然而,获得知识被越来越多的人视为一项基本人权。按照上述分析和重构路线,承认这种新的基本权利本身就立刻提出了具体实现这种权利需要何种物的问题。就我们所讨论的情形而言,承认这种新的基本权利便会使知识成为一种"全球公共物"。[47]

这不仅仅是一种原则性的确认,而且是重新考察一系列法律工具与制度(尤其是专利和版权)的必要前提。简言之,这是一个在作者、发明者以及整个产业的利益,与自由获得知识以及保护所积累的鲜活文化才智的集体利益之间寻找新的更适当的平衡的问题。此外,保持所有权个人主义的无限普遍性的主张现在受到了学者们的质疑。这些学者正是从对市场实际运作方式的研究出发,强调传统的知识生产和占有规则效率低下,甚至呼吁放弃版权制度。[48]从这个角度出发,我们不一定会进入非市场经济的维度,不一定会进入赠与的维度。正是在网络中,历史上伴随着赠与的诸多模糊性再次出现,并破坏了赠与的纯粹性。例如,一位作家或一个乐团决定将他们的作品上传到网络,并授权所有人免费下载这些作品,这有可能符合该作品的广泛传播以及扩大其社会、文化和政治影响力的利益。但更有可能的是,这种选择对应一种不同的创意投资逻辑,因为互联网上的受众要远多于在书店或音像店购物的顾客,作者的"市场"价值因此飙升,其作为演讲者的报酬或作为乐队开音乐会的收益超过了著作权的利润。然而,除了这种激进的方案,还存在以开放的方式处理知识的获得和流通的制度设计,其中包括允许作者确定其作品受保护程度的"知识共享"技术。因此,"共有"显示出其满足那些在传统维度上被认为是必然相互冲突的利益的能力。

自由获取知识也可能使知识本身"暴露"在最为不同的意见之中,人们因此可以对知识进行比较,从而促进批判精神的传播与发展。这些都是民主的特点:一方面要求拒绝审查,拒绝传播系统中的垄断和统治地位;另一方面则要求信息透明和直接获取信息来源。知识改变了民主的品质,也改变了整个民主系统。语言的变化证实了这一点:我们越来越少地讨论信息社会,越来越多地讨论知识社会,这使我们能够克服信息轰炸产生的噪声,做到信息多元和独立判断。诸如维基解密之类的事件通过揭示传统上被秘密覆盖的新闻,开启了对权力秘密的质疑,从而允许更直接、更广泛地控制权力,这证实了知识对民主品质的改变。

知识自由与民主越来越趋于协调。传统的论调获得了更为深刻的含义。例如,路易吉·艾瑙迪(Luigi Einaudi)的"了解才能决定",以及路易斯·布兰代斯(Louis Brandeis)的"阳光是最好的消毒剂"。知识因而被视为民主决策过程的基础,是参与和控制的前提条件。

寡头逻辑受到挑战,而且如前所述,民主观念本身也受到质疑。无需枯燥的对比和二元的逻辑:直接民主对代议制民主、透明对管制、无中心的世界对雅各宾派的疆土。新的交错摆在我们面前。例如,有一本著作以"奥威尔在雅典"[49]为题,其强调的不是矛盾的情节,不是技术的两面性,而是互不排斥的逻辑的共存,必须为其找到共存的方式以及新的平衡点。

然而,核心问题在于公民权利与良好"知识"的获得之间的联系,后者对于前者的落实具有决定性意义,而且知识正是由于具有这种能力才被视为共有物。同样,我们在寻找的不是本质,而是一种关系。先后顺序是明确的:正是因为要保障某些权利,某些物才被界定为"共有的",获得此类物的权利也受到进一步的必要关注。在恰恰是由共有物的"合理狂热"所导致的对概念分类的必要更新中,自然法学的残余没有存在的空间。随着与被理论化为坚不可摧的存在的私人所有权的基础类似的实质基础也被赋予共同所有权,这些残余也随之消失。

一旦抽离于与共有物相联系的主体和需求,我们就会走上一条危险的道路,即将自然构建为"道德主体",和随之而来的关于谁有资格代表自然的问题,以及那些认为对它的保护不受任何民主程序制约的独裁愿望。在被视为"人类共同财产"的物中,这些问题再度出现:无论是从被考虑的物(从外层空间到人类基因组,再到法餐文化)看,还是从赋予这一资格的法律文件(国际条约或联合国教科文组织的宣言)看,这一类别的内部并非是同质的。此外,需要补充的是,"人道"是一种超越对特定物的思考的表述,因为它被用来合法化紧急情况下的干预措施或被用来确定一种类型的犯罪行为。

如果想要指出某一共同点,那就是将包含在人类财产中的物抽离于国家主权、市场统治和个人强权逻辑的意图,从而保存这些物的特性,以便在大多数不特定的情况下,多个主体能够以不同的方式利用它们。因此,人类财产有助于传播和合法化共有物的逻辑,从而进一步强化共有物的合理狂热及其给主权和所有权这两个现代化的基础带来的挑战。这一过程的结果表现为新的权力分配形式,并直接影响到民主制度的特征,当然这一结果远非最终的结果。这一进程的部分特征可以概括如下:

将某物界定为"共有物"的主要影响,在于它的可获得性不受制于财政资源的多寡,因为它不属于经济计算的范畴。这是公共管理机关的具体责任和任务的一部分,这些机关必须确定哪些物可以通过普通市场机制获得,而哪些物则必须从这种市场逻辑中被剔除出去。这一点至关重要,因为它涉及构建社会的整体方式,而这又取决于权利的重要性,即这些权利不被视为在市场上交换的客体,而被视为人格和公民身份的构成要素。从这个角度看,共有物使公民权从再分配政策中被"解放"出来。

那些把对"权利的修辞"的批评延伸到基本权利与共有物之间的关系的学者的注意力正是集中在这最后一点上。但是,不仅是不确定的权利时代的事件,我们这个时代的发展也证实了这种"修辞"如何曾是并仍然是那些想要获得更多的个人自由、更坚实的社会联系和更强烈的民主存在的人的手中的有力工具的。事实上,通过基本权利与共有物之间的联系,我们可以摆脱另一种抽象且在文化层面上毫无意义的权利与义务二分法,取而代之的则是充裕的个人生活与共同的社会责任之间的关系。连带原则重新获得其作为构建社会之原则的功能。

概念框架的这种转变是在生活的物质性不再被其抽象性掩盖的背景下,即在具体的人及其需求的"发现"的背景下发生的。另一个概念上的变化是,人及其需求的立宪主义取代了西方现代化中的抽象主体。

正如现今发生的那样,基本权利与共有物之间的关系是于全球范围内解决"人类鸿沟"这一影响到人性本身的根本的不平等、对尊严与生命本身提出质疑的基本问题的决定性机遇。

因此,这是共有物不断揭示的社会困境。这些物甚至在被视为挑战传统法律分类的客体之前,就已经表现为复杂的社会客体。这种既涉及社会,又极为复杂的双重特征,使揭示现实的各个方面的分析工作得以进行,而这又反过来警示我们不要企图将共有物禁锢在某种单一模式之中。

注 释

[1] D. Bollier e S. Helfrich (a cura di), *The Wealth of the Commons. A World beyond Market & State*, Amherst, Mass., 2012.

[2] Y. Benkler, *La ricchezza delle reti. La produzione industriale trasforma il mercato e aumenta la libertà*, tr. it. di A. Delfanti, Milano, 2007.

[3] Cfr. S. Rodotà, *Il terribile diritto*, cit., pp. 47 ss.

[4] R. Nicolò, *Riflessioni sul tema dell'impresa e su talune esigenze di una moderna dottrina del diritto civile*, in *Rivista del diritto commerciale*, I, 1956, pp. 186 ss.

[5] J. Boyle, *Foreword: The Opposite of Property*, in *Law & Contemporary Problems*, 66 (2003), nn. 1-2, pp. 1-32; J. Boyle, *The Second Enclosure Movement and the Construction of the Public Domain*, pp. 33-74.

[6] F. Cassano, *Homo civicus. La ragionevole follia dei beni comuni*, Bari, 2004.

[7] 埃莉诺·奥斯特罗姆(E. Ostrom)的研究对此影响深刻。

[8] Cfr. S. Rodotà, *Il terribile diritto*, cit., p. 44.

[9]关于这一问题,参见 S. Rodotà, *Il diritto di avere diritti*, Roma-Bari, 2012, pp. 140 ss.; S. Rodotà, *Il terribile diritto*, cit., p. 18。另见 P. Rescigno, *Disciplina dei beni e situazioni della persona*, in *Quaderni fiorentini per la storia del pensiero giuridico moderno*, 1976-77, II, p. 872。

[10] *Il Programma della Democrazia Cristiana per la nuova Costituzione (Guido Gonella) al I Congresso nazionale della D.C. (24-27 aprile 1946)*, in *Atti e documenti della Democrazia Cristiana 1943-1959*, Roma, 1959, p. 201.

[11]该党代表甚至主张,"畸形的"所有权不应得到承认和保障。关于这一历史事件,请参见前注所引著作中关于重建制宪会议工作的内容(第281页及以下)。

[12]后文将分析这一问题。我们应该警惕那些认为所有权与市场逐渐不相关的简单化的观点,例如 J. Rifkin, *L'età dell'accesso. La rivoluzione della New Economy*, tr. it. di P. Canton, Milano, 2000。

[13] C. B. Macpherson, *Liberal-Democracy and Property*, in Id. (a cura di), *Property. Mainstream and Critical Positions*, Oxford, 1978, p. 201.

[14] Cfr. S. Rodotà, *Il terribile diritto*, cit., p. 20.

[15]描述那些年的冲突的文献汗牛充栋,例如 R. Margraw, *Il*

secolo borghese in Francia. 1815—1914, tr. it. di E. Joy Mannucci, Bologna, 1983。笔者在此提及这本书,不仅是因为该书反复强调在1848年的镇压之后"财产被尊崇为一种宗教",并补充到,"社会主义者是无神论者……"(第148页);更重要的是,作者指出了这样一个事实,即1827年的《森林法》"加速了向私人和铁匠铺主出售公有森林,并加强了国家护林员对放牧和采伐权的控制"。这种"对共有权的侵蚀构成了对农民集体更严重的威胁"(第117页),这些"封闭"和随之而来的私有财产和公共财产之间的两极分化带来了强烈的排斥效应,而这两种财产与农民和他们所处的集体均无关联。

[16] V. Shiva, *Le guerre dell'acqua*, tr. it. di B. Amato, Milano, 2003.

[17] F. LaRue, *Report of the Special Rapporteur on the Promotion and Protection or the Right to Freedom of Opinion and Expression*, United Nations, General Assembly, Human Rights Council, Seventeenth Session, 16 May 2011, A/HRC/17/27, p. 22.联合国发言人、欧洲安全与合作组织(OSCE)代表、美洲国家组织(OAS)代表以及非洲人权与民族权委员会(ACHPR)代表的联合声明重申了这一观点,并强调了这样的原则,即访问互联网"使各国有义务提升公共服务水平",这是享有一系列权利所不可或缺的工具,因此只能在特殊情况下对其进行限制;并始终注意到基本权利因此受到了影响。

[18]笔者在2010年11月29日举行的意大利互联网治理论坛上提出了这一建议。该文本被纳入迪·乔万·保罗(Di Giovan Paolo)等参议员于2010年12月6日提交给意大利共和国参议院的《第2485号宪法草案》。在最初的版本中,正如上述草案所反映的那样,该建议被拟定为《意大利宪法》第21条之一。一些有说服力的观点认为,最好直接修改第21条。参见 G. Azzariti, *Internet e Costituzione*, in *Politica del diritto*, 2011, pp. 374-375。

[19] G. Venezian, *Reliquie della proprietà collettiva*, in *Opere giuridiche*, II, *Studi sui diritti reali*, Roma, 1919.

[20] P. Grossi, *Un altro modo di possedere*, Milano, 1977.

[21] U. Mattei, *Beni comuni. Un manifesto*, Roma-Bari, 2011, p. 24.

[22] M. Castells, *Volgere di millennio*, tr. it. di G. Pannofino, Milano, 2003, pp. 373 ss.

[23] *Ibidem*, p. 399. 关于网络问题的广泛研究,包括历史的研究,参见 P. Musso, *Critique des réseaux*, Paris, 2003(该书也在第335—346页讨论了卡斯特的观点),以及 P. Musso (a cura di), *Réseaux et société*, Paris, 2003。

[24] D. D'Andrea, *Oltre la sovranità. Lo spazio politico europeo tra postmodernità e nuovo medioevo*, in *Quaderni fiorentini per la storia del pensiero giuridico moderno*, 31 (2002), I, p. 103.

[25] D. D'Andrea, *Oltre la sovranità*, cit., pp. 77-108. 该书重

构了这一事件,并提出了具有说服力的批评意见。

[26] G. Teubner, *La cultura del diritto nell'epoca della globalizzazione. L'emergere delle costituzioni civili*, Roma, 2005.

[27] M. R. Marella, *Il diritto dei beni comuni*, in *Riv. critica del dir. priv.*, 2011, p. 110.

[28] L. Gallino, *Tecnologia e democrazia. Conoscenze tecniche e scientifiche come beni pubblici*, Torino, 2007.

[29] K. A. Wittfogel, *Il dispotismo orientale* (1957), tr. it. di R. Pavetto, Milano, 1980. 关于主权与"圈地"之间的关系,参见 W. Brown, *Walled States Waning Sovereignty*, New York, 2010。

[30] L. Gallino, *Tecnologia*, cit.; C. Hess e E. Ostrom (a cura di), *La conoscenza come bene comune*, cit.

[31] 关于这一问题,参见 H. Muir Watt, *Private International Law. Beyond the Schism*, in *Transnational Legal Theory*, 3, 2011, pp. 358, 382 e 427。

[32] A. A. Berle jr. e G. C. Means, *Società per azioni e proprietà privata* (1932), tr. it. di G. M. Ughi, Torino, 1966.

[33] 参见 J. Burnham, *La rivoluzione dei tecnici*, Milano, 1946。

[34] 参见 S. Pugliatti, *La proprietà nel nuovo diritto*, Milano, 1954。

[35] 例如,曾引起注意和讨论的瑞典的"计划":R. Meidner, *Il prezzo dell'eguaglianza. Piano di riforma della proprietà industriale*

in *Svezia*, tr. it. di A. e G. Malm, Cosenza, 1976。另见 J. Meade, *Agathotopia*, tr. it. di L. Borro, Milano, 1989。

［36］参见 M. S. Giannini, *Basi costituzionali della proprietà privata*, in *Politica del diritto*, 1971, pp. 443 e *passim*。

［37］Cfr. U. Mattei, E. Reviglio e S. Rodotà (a cura di), *I beni pubblici. Dal governo democratico dell'economia alla riforma del codice civile*, Roma, 2010.

［38］这是保罗·科斯塔(P. Costa)即将出版的新作中的尖锐观点。

［39］C. Donolo, *Sui beni comuni virtuali e sul loro ruolo nella governabilità dei processi sociali*(即将出版)。

［40］这常常被扩展为模糊和革新的形式。Cfr. M. Hardt e A. Negri, *Comune. Oltre il privato e il pubblico*, Milano, 2010.

［41］R. Reich, *Supercapitalismo*, tr. it. di T. Fazi, Roma, 2008.

［42］参见 J. Ziegler, *Destruction massive. Géopolitique de la faim*, Paris, 2011。

［43］B. Barber, *Consumati, da cittadini a clienti*, tr. it. di D. Cavallini e B. Martera, Torino, 2010.

［44］L. Lessig, *La forza delle idee*, tr. it. di L. Clausi, Milano, 2006, p. 11.

［45］参见 G. Resta, *Nuovi beni immateriali e numerus clausus dei diritti esclusivi*, in G. Resta (a cura di), *Diritti esclusivi e nuovi* beni immateriali, Torino, 2011。

［46］Y. Benkler, *La ricchezza delle reti. La produzione sociale trasforma il mercato e aumenta le libertà*, tr. it. di A. Delfanti, Milano, 2007.

［47］L. Gallino, *Tecnologia e democrazia*, cit.

［48］Cfr. *Introduzione*, p. 19.

［49］W. B. H. J. van de Donk, I. Th. M. Snellen e P. W. Tops (a cura di), *Orwell in Athens. A Perspective on Informatization and Democracy*, Amsterdam-Oxford-Tokyo-Washington D.C., 1995.

教义学与历史视角下的所有权

一、关于所有权的争论:历史与方法问题

迟疑的历史主义或对社会学调查的热衷,可能会使那些以开放的精神探讨所有权问题的法学家,在探究所有权制度于其形式结构不变的情况下所实现的不同且往往互相抵触的功能时,穷尽自身的研究;而这种对结构不变的假设,几乎是辨识和比较不同功能的前提条件。[1]对功能的研究则是充分解释特定结构存在方式的唯一途径[2],以此回应更加关注新的历史条件所确定的法律规范这一广泛需求。

在结构性层面与功能性层面何者更占优势这一问题上,再去讨论有关争论的尖锐话语未免走得太远(只要看看那些主张将分析哲学的方法应用到法学领域的学者们所得出的有趣结论就够了,这种应用是用新的术语来探讨一些有关结构的传统问题)。毋庸置疑,"只有在确定了与之相对应的术语的使用规则后"[3],才能理解法律概念的真义;但同样需要强调的是,只有通过详尽的功能分析,我们才能对法律事实有正确的

认识[4]：即使不持折中主义的立场，我们还是能发现，与其说这是结构与功能的辩证关系，毋宁说是某一制度的历史功能和典型功能的相互转化。但简单的相对主义亦不能令人满意，因为这有可能使人们无法"在情势与思想的变迁中把握深刻的历史缘由以及合理且必然的发展"[5]，并有可能使人们在习惯性地援引历史事件时萌生这样一种认知，即没有什么会在时间的流逝中保持不变并留存下来。

在历史主义的立场下，法学家们呼吁要正确考虑所规制的利益的具体性以及客观情事在时间维度上的变化，但这可能并非他们的本意。随着研究的深入，这种让所有研究均从功能视角展开并通过频繁借用"目的异质"（eterogenesi dei fini）这一概念来解释各种变化的对制度结构不变性的预设[6]，也使这一纯粹假设本身欠缺说服力，并仅在深入说明某一研究的形式方面与社会学方面的区别时才具有合理性。实际上，一旦人们发现同一制度中不同性质的功能可以共存，这种研究的片面性便显现出来：如果人们认为不将对历史的援引（或对不同利益的比较）拓展至通常术语之外的制度结构本身的话，那么这种援引可能无助于实现解释的目的。所有权构成要素的变化并不难以察觉，如果统一的所有权制度并未消失，那么每种功能都对应着一个自主的结构。

普利亚蒂（Pugliatti）在完成其对现行法制度下的所有权的

最为详尽的研究时指出:"'所有权'一词现在且从来都不是只有唯一的含义。相反,该术语描绘了太多事物,以至于不能以容易理解的名义来使用它。无论如何,即使将来在有必要的谨慎和说明的情况下继续使用该术语,也不能抱有这样一种幻想,即该术语的唯一性对应一个坚实且严密的对制度的真正统一。"[7]为克服这种多义性,普利亚蒂补充道:

> 如果要解决所提出的问题,如果要找到解决这些问题的希望,就必须从模式和词语中抽离出来,即必须超越纯粹法律形式主义。那么,就有必要在经济和社会现实中,确定哪些类型的利益以及哪些利益的联结为立法者所考量。如此,我们会看到,围绕某一利益或某一利益结合体的制度群是否有这样的架构和关联,以至于可被视为一个统一体,尽管是一个复杂的统一体。因此,特别是涉及有关所有权制度的利益方面,我们会意识到我们所探讨的究竟是多个相似的制度,还是一个在诸多方面存在很大差异的单一制度。[8]

尽管普利亚蒂的著作是对私法基本范畴的知识进行革新的最权威的成果[9],但直至今日,学界对该著作的讨论极为谨慎,即仅仅利用了其所提供的丰富指引。故值得思考的是,这类研究对于我们法学家而言究竟有什么样的作用,或者说,普利亚蒂的作品是否并未给法学家们最后的选择带来一些困惑。法学家们的这种利用是通过尝试确定解决当前问题之方式的术语来实现的。

通过规制所有权人与物的关系,以及所有权人基于其地位与其他权利主体之间的关系[10],所有权对不断变化的历史状况极为敏感[11],甚至对突发事件也极为敏感,其形式性规则也在诸多问题上被新的需求和利益打破[12];我们也不能通过规定防御性规则来捍卫所有权制度的传统面貌,这些规则对该制度的革新也仅限于纯粹的文字上的拟制。当人们想要清楚揭示法律问题与经济问题之间的关联或法律规范与社会现实之间的差距时,就会频繁提及所有权[13],但其意义实际上并没有看起来那么大;因为在受概念主义传统束缚的国家,这往往只是纲领性的声明,并且缺乏对日常理论研究的反思,甚至没有明确揭示其欠缺将政治经济现实转化为法律议题的能力。这可能是因为法律观点与政治舆论之间缺乏有效的沟通,而这种沟通在普通法系国家则异常普遍。[14]

实际上,法学家们不可能不顺应历史的经验和当代经济的发展,否则他们的成果可能会"在某些宏伟、复杂与生动的现象面前显得越来越渺小"[15];根据历史经验和经济发展作用于客观法规范的方式(有时使现行法规范过时,有时则使现行法规范采纳的方法论标准不再适宜),法学家必须致力于建立新的制度体系,以回应变化的时代的期待。事实上,民法范畴危机的产生,与其说是由于这些范畴建立在符合与当今利益相去甚远的那些利益的规范之上,不如说是其纯粹逻辑性的方法所导致的,因为这些范畴的发展与繁荣的历史基础一旦发生变化,这种方法便会产出对理解社会现实毫无益处的方案。[16]过去的方法论的准则变成了纯粹技术性的标准;其结果是,举一个既不特殊也不偶然的例子,"缺乏对于实际情况的研究,构成了……我们民法典最大的缺陷。因此,从技术角度看,这部法典是优异的;但从法律适应变化的社会现实的角度看,这部法典则是糟糕的,这些社会现实在法律颁布时就发生了变化,而且这种变化会越来越大"[17]。伴随着我们的理论对潘德克顿法学的接纳,对法技术的关注越发盛行,我们的视野亦逐渐封闭,而且——尽管没有异议的是"教义学的重建……在任何情况下都是现行法与法律涉及的倾向性前提之间妥协的结果"[18]——这些前提也越来越被推向幕后,直至其不易被察觉。这样一来,技术的改进就必须吸收所有其他目标,并穷尽研究的灵感,"伦理与经济因素侵入法律关系"无疑标志着"法律发展的技术性倒退"[19]这一本身正确的论断,最终意味着道德良知的黯淡和对无益的政治世界的拒绝,并成为对历史经验的更为普遍的抛弃。[20]一旦忘却技术的工具性特征,技术工具很快就会被证明是不充分的,因为它们是在并未参照其所运作的现实或是着眼于现已变化了的情势的情况下形成的,只有在对传统的重构中才能理解这些工具的内涵。[21]在许多情形中,方法的纯粹性本身只是一种漠视的方法。[22]

  这是一个尚未用意大利法律思想史中的确切术语来表述的争议性论断,尤其是在两次世界大战之间的二十年里,我们私法学说中的主流观点也是建立在该论断之上的。之所以说它具有争议性,不仅仅是因为它不是在严格的历史视角下或在对学者著作的精确研究下作出的,而且是因为其表现为众多法学家所热衷的对新方法论内容的多样化研究。在承认技术手段需要不断完善以及形式特征与法学研究密不可分的同时,那些与纯粹概念主义的主导地位相联系的法外因素也被认为过时,而这些因素尚未在其所有维度和真正意涵方面得到充分研究。例如,可以肯定的是,意大利的政治事件在很大程度上导致两次世界大战期间概念研究的僵化。"需要注意的是,正是法西斯主义造成了意大利社会科学发展的严重放缓……正是因为法西斯主义声称自己是社会政治领域永远有效的解决方案,才实质性地阻碍了对意大利社会现状的研究。"[23]在大多数情况下,法学家们缺乏判断其所采取的解决方案与意大利的现实是否相符的基本认知;在某些情况下,他们试图通过利用那些在欧洲广泛传播的、似乎能为现代化提供保障的思想,来克服这一客观的障碍。另外,如艺术散文或隐逸学派*[24]那样对形式主义的专注,代表一种反对专制政权的方式(在专制政权中,利益法学的革新力量也被消耗殆尽)[25],凸显了纯粹法学捍卫自由秩序的特征[26]。

但在法西斯政权出现之前,概念主义的学说早已占据主流地位,并被充分巩固。在大量"二十世纪七十年代之前盛行的、部分是法学的、部分是经济的、部分又是政治的作品"[27](这是当时科学意识尚未成熟的标志)之中,严谨的潘德克顿法学方案最终成为主流,而这种对潘德克顿法学的接受则要归功于法学家们富有远见的推广工作。[28]法律社会主义的追随者们采用的解决法律问题的方法(尤其是在世纪之交)亦未能对这一新的思潮产生重大影响,这种解决方法虽然证明了意识形态可以发挥建设性作用,但在实践中则出现了意识形态转化为科学研究工具的不准确性及不成熟性问题;这在很大程度上是由于这种方法并未实质性地回应所谓的社会需求,学者们只会在一些著作或专论的"序言"部分对这些社会需求进行一些纯粹的、惯例式的回应[29],而在随后对制度的实际分析中则完全不讨论这些需求。

经济学、政治学和社会学的概念经常被遗忘。与这些研究相关的知识不为人知,但评价并未因此减少。这也是为什么卡

---

* 隐逸学派是第一次世界大战后在意大利出现的一种文学流派。该流派以语言文字的深奥难懂为特点。——译者注

洛·隆哥（Carlo Longo）在1919年能以"作品的政治性"[30]为由，拒绝刊登任何评价瓦萨里（Vassalli）在热那亚的演说的文章。这当然是一场关于战争立法与私法新边界的演说[31]，但它恰恰表明某些需求已经跨越了政治的藩篱，为法律制度所承认和规制。隆哥据以争论的理由极为扼要，但这些理由的薄弱之处正是在于缺乏对规范文件的考察；因此，它们被更精致的论证取代也就不足为奇。这些新的论证不再忽视新的立法现实，而是小心翼翼地将其与对历史情事和所规范的利益的考察区分开来。这样一来，那些在1918年以后的、激烈但缺乏条理的讨论中定下基调的概念也会逐渐贫瘠，尽管其名称（nomen）及最重要的形式特征保持不变（社会功能可能是一个很好的例子）。

"欧洲社会发生了许多其他重大且深刻的革命，但它们对私法产生的影响不及这场战争"——瓦萨里如此写到。[32]在与所谓的战时经济相关的领域，立法干预的及时性与无偏见性表明，规范与时代需求之间的冲突可以通过非传统的方式来处理，由此给人的印象是，规范和社会现实之间的紧张关系总是可以通过战时程序来解决。[33]如果说这种印象会随着特殊时期的心理因素的消失而减弱，那么战争立法的影响并未式微，也不会随着其诞生条件的消失而消失；这是因为，不仅在经济领域需要一个使战争经济更为顺利地过渡到和平经济的过程,在法律结构领域亦是如此。

无论如何,传统法律模式的破裂,即使仅对某一"个别法"(*ius singulare*)产生影响,也是不可否认的。而且那些寻求革新的学者们受其鼓舞,并从中获得了大量论据:他们的研究以前是纯理论性的,现在则在法律文本中找到了依据。

战后初期,后一种现象是不可忽视的,而且这种现象并非仅仅出现在意大利[34],就像决定它的刺激性因素并不具有特殊性那样。至少在意大利以及关于所有权的研究方面,它注定不会对理论的发展产生深刻持久的影响,但它确实标志着人们对民法领域某些可能的新成果有着非常独特的认知。由于意识到旨在说明所有权法律范式的纯粹理论研究具有抽象性特征,人们在面对新的现实时,甚至在整个系列的规范中,认识到了关于所有权的法外基础的研究以及那些将构建不同社会秩序和法律秩序的任务委托给新的所有权概念的研究的任意性和假设性程度。实际上,第一种类型的研究不属于法律的范畴,其仅限于证实或证伪这种法外基础的独立有效性[35];而后一种类型的研究则因急于超越过去的研究,把法律的实际内容抛诸脑后,从而陷入了一种矛盾,即赋予所有权一种只有在革命结束后才能实现的功能,但这种功能似乎又是一种呼唤另一场革命的手段[36]:通过将新的需求等同于与客观法律没有直接关联的研究,这两种态度最终使它们与客观法律格格不入,阻碍了其进一步发展的任何可能。

就所有权而言,"当自我享受的观念被抛弃并进入社会功能的概念时,真正破裂的时刻便来临了"[37]。所有权的社会功能不再是一种一般性的表述,而是一种真正的法律资格,其模糊不清的命运也因此开始。有了它——"随着战争的开始,许多事情才刚刚开始"[38],而随着那场伟大战争的结束,一个全新的时代开启了——那些拥有所有权的人与没有所有权的人之间的对立因素进入法律领域。对此,阿历克西·德·托克维尔曾预言,所有权将是伟大的战场。[39]

二、宪法秩序及社会利益的确定

关于这一议题,存在两种可能的方案:一种是更为关注新的所有权秩序及由此可能发生的再分配;另一种则是更为关注旨在规制当前所有权人的新的行为模式。当然,对于第一种方案,须严格关注其意识形态方面的动机,而且很可能在阶级分析中得到答案;从严格的法律角度看,这种方案与公法有关,涉及征收问题,并且一般而言,这种方案与立法者对现存所有权的态度有关。[40] 第二种方案承认所有权归属于特定私人主体,但不能认为这种对客观情况的承认是令人满意的,也不能将其视为研究结束的时刻(因为在某种程度上,这是该研究的前提):这是一种检视因分配而具体产生的形式,并从该形式出发对概念进行系统性建构的方案。

这两种方案虽然不同,但也不互相排斥;这种谈论问题的方式也不意味着要在法秩序的对立职能层面重新划分公法与私法,而这种划分——除了对其相对性的考量[41]——只有在应用于确定当前的利益协调模式时才有意义[42]。事实上,正是研究所有权的传统私法方案强调了公私二元性,因为这种方案意在捍卫个人主义,并通过将历史中不能立即正当化的部分交由公法处理,从而使这种捍卫得以充分实现。因此,并不令人惊讶的是,所有权概念的贫瘠与其说是法律现实发生实质性变化的结果,不如说是某些学者采纳方法论的结果:我们并非想要否认法律文本的重要变化,反而是要拒绝这样一种思维,即企图通过将所有新情事排除于所有权之外来否认这些情事改变所有权结构的能力。然而,众所周知,就概念的历史相对性(我们也认为这是法律概念的本质)[43]而言,对变化的接受是使该概念产生实际效力的前提。

因此,如果说为了以尽可能统一的方式[44]重构所有权人的地位而检视所有权制度是恰当的,那么必须牢记上述第二种方案,至少对于那些承认理论上存在一个包含所有类型的物的私人所有权制度者而言是如此。在这一点上,传统所有权概念何时破裂的问题,更准确地说,是有关破裂的形式的问题再次浮上台面,并且必须对此进行深入的讨论。[45]在我们看来,如

可怕的所有权

果不是从历史角度看,这种破裂似乎不能完全归咎于立法和理论上对所有权社会功能的确认。我们认为,社会功能这种表述仍然具有相当大的理论意义,因此厘清其起源是有益的;但不能认为社会功能是唯一的术语,从而围绕它来聚集包括保障个人活动在内的社会需求,因为其他问题会不断出现并改变这种保障的含义与形式。仅以最著名的大型股份公司为例,在这些公司中,所有权与控制权之间既定的分离[46]使将社会功能强加于形式上的股票持有人变得毫无意义,因为规范的重点必须放在那些实际行使权利的人的行为上。此外,正是必须在宪法层面实现功能特性的《魏玛宪法》的经验,使将功能纳入与其相冲突的意识形态这一前提也变得逐渐可行,而这对法律技术以及对科学的构建而言并非没有影响。对社会功能而言,一种在权利滥用[47]方面很容易被察觉的现象在很大程度上反复出现:援引权利滥用这一概念可以规制那些有损特定主体但并没有表现出不法特征的行为,从而创造出一个用来进一步保障个人所有权不受侵犯的工具。然而,通过将注意力从受禁令保护的主体转移到做出行为的所有权人身上[48],重点就变为防止那些虽为法律允许但可能与普遍利益相冲突的行为[49]。不能说这种矛盾性存在于所有权制度的本质之中,因为二者在所实现的需求方面存在差异——在强调所要实现的目的方面是社会主义的,而在考虑损害时则是个人主义的,这种差异在法律规则的形式方面得以准确再现。对于社会功能这一概念而言,这一点尤为明显,它既被用来否认所有权主观权利的性质(把它置于或认为它被置于更广泛的社会或社会连带主义的视角下),也被用来"表明社会特征从属于个人特征"[50]。

我们认为,产生这种可能的双重含义的原因并不在于目的异质现象;另一些解释似乎也不恰当,即认为任何偏离传统模式的迹象都是不谨慎的;在社会功能这一概念可能指向的相反的结果中,这些解释只看到了"魔法师的弟子"这一古老故事。更准确的观点,似乎是结果的模糊性或矛盾性乃是概念的不精确性所致。但这并不是说对"功能"一词和"社会的"这一定语不能在法律层面上予以界定,而是说在持续多年的辩论中,学界很少努力试着在技术层面明确这一术语。

这种与未明示的(尽管是显而易见的)意识形态动机相关的矛盾性,恰恰建立在明确理解社会资格的绝对不可能性之上,建立在对社会效用衡量的不可靠性之上,也因此建立在试图将其转化为严格法律表述的徒劳无功之上;但这并未导致对所有使用"社会的"这一定语的命题的怀疑。[51]比较一下各种不同观点:从"公权力可以从不同的具体意义上理解社会属性"[52]的一般性思考到从我们的宪法中"可以推导出……是社会公正的,而非有社会效用的"[53]这一客观观点;从经济学家强调社会效用概念的绝对不确定性[54]到法学家接受这一概念,而且法学家们自己还强调这种不确定性的观点"在经济学家之间是没有争议的"[55]——几种迥然不同的理论观点被一种基本的怀疑主义团结起来。除了这些实际上建立在对几乎不可克服的客观困难的确认之上的观点,还有人进一步认为,"实证法对社会效用的典型评估是社会学家的标准,与法学家无关"[56]。本文无法认同这种观点,不仅是因为它"意味着无视法律的规范功能中固有的社会性……并且忽略了每个法律制度都代表着对现实问题的解决"[57],而且还因为这会对法学家们旨在确定特定法规运作条件的活动施加任意的限制。无论如何,对于旨在确定法律秩序对社会效用典型评估范围的研究而言,必须考虑这些不同的否定性意见。

本文无意沉迷于解释技术性问题的尝试,将所有的要素都撇出法律范畴,也无意声称实证法拒绝"直接在历史和社会层面探寻人类行为的规范"[58];尽管我们想要避免任何对原则的研究,但正是上述理论所选择的方案,使我们必须扩大研究的范围。

本文在此并非想要深入探讨经济学为福利经济学(即是否可以尽可能地确定社会最大值这一研究范畴)[59]提供的复杂意见,但我们可以注意到,经济学家们越来越努力地计算这一最大值,这清楚地表明社会效用的不可确定性并非没有争议。一些思想并不极端的学者指出,"这方面的研究已经极为深入,尽管尚未得出结论"[60],并补充到,"如果得出的结论……看起来极为消极,其重要性也不能被低估"[61]。这些都是应该以某种方式加以考虑的事实,因为如果同时使用法律要素和法外要素并不是好的方法,那么对法外事物的不精确利用(即使不是重要的利用)则会造成更为严重的后果。另外,就本文所讨论的议题而言,如果将经济学的现状作为研究的重点,那么援引经济学的研究现状可能是徒劳的甚至是有害的(尽管是准确的)。[62]

然而,根据立法文本中确定社会资格的方式及其所提及的经济学结论,可以确定的是,将这种资格理解为"并非等同于个人主义的"[63]资格,从而将社会利益这一表述理解为个人利益的对立面是有法律依据的[64]。但是,当涉及确定一个必须产生具体效果的术语的含义时,纯粹否定式定义并不令人满意。因此,按照边沁的观点或按照其他类似的模式,将社会效用界定为"为尽可能多的人提供尽可能多的福祉"[65]也是没有什么意义的。除了出于科学严谨性的考虑[66],这种定义也不能回应任何对之不精确性或不确定性的批评意见。该作者自己也意识到了这一问题,他注意到自己提出的模式与社会主义者和天主教徒的表述(即社会正义和公共福祉)十分契合。[67]对于后者,有人指出,边沁的这种观点并不符合天主教的理念,因为接受它可能会导致为了大多数人的更大福祉而压迫社会上的一部分人。[68]正如我们所见,对它的批评拘泥于原则的对立,而并未注意到这种观点缺乏事实依据,因此不能说它躲过了对自己的批评。

没有必要坚持列举与社会正义和公共福祉或多或少相似的观点[69];相反,值得讨论的是,审视宪法对劳动关系下私法自治的限制的过程中发展出的一种新的建构[70]。在检视共和国宪法所规定的社会需求时,需要注意的是,在宪法文本中,公民不仅仅是个体和市民,还是社会成员,因此需要根据每个人的不同条件确定其所属的不同类别。[71]在这一前提下,社会利益可以被定义为"一个类别或一个社会群体的利益。它是一种集体利益,而非普遍利益;因此尽管它具有特殊性,但有别于个人利益,而且不能与国家所代表的整个集体的利益相混淆"[72]。本文认为,这种主张的重要性在于,它敏锐地使用了学说发展出的其他概念(尤其是集体利益的概念)[73],从而在宪法的解释中引入阶级斗争标准。"阶级"特征(尽管并不精确,也远没有达到哲学和社会学研究赋予它的严谨性程度)[74]是在个人利益之外的领域萌生的,但这种集体利益不会被认定为所有集体成员的利益。

毋庸置疑,这种主张极具吸引力,但这并非因为该主张有什么真正具体的建设性意义,而是因为这种主张表明了其自身不满足于通常议题。如果无需对宪法意识形态内容做相较厘清原始历史事件而言更为深入的研究,通常提及的作为许多宪法规范基础的妥协(社会经济需求)便在很大程度上失去了其"阶级斗争的锋芒"[75],这也就足以说明其局限性之所在[76]。更恰当的说法是,《意大利宪法》中规定的个体的不同阶层"从未构成对人的(法律意义上的)突破,而只是决定了对更广泛的个体在阶层上的划分。换句话说,这些阶层从未成为(甚至是最广义的)法律主体,任何问题都是在组成该阶层的个体之间解决的"[77]。因此,对主体的这种归类方式可能会产生这样一个问题,即同一人可能同时属于不同的、在某些方面相冲突的类别(如所有权人与劳动者)。[78]在这些观点面前,我们很难再坚持阶级斗争的观念。

纳托利(Natoli)的观点(试图澄清社会资格的独立特征)的价值并不在此。社会利益并不是一个在含义上与一般性利益完全相似的表述[79],而是评估某些主观情况的具体标准。此外,在确定这一标准时,鉴于这种主体分类方式之基础的特殊利益,纳托利并未超越对这种分类方式的实质相对性的观察。

于是,重点又回到了宪法条文的规定上,这些规定亦有助于探寻我们的法律体系中"社会的"这一表述的含义。可以指出的是,为了系统地重构这一概念,同样有必要考虑所有其他使用这一表述的立法文本。但显而易见的是,即使想要忽略此种研究的实际困难,在确定了这一表述在宪法规范中的含义后,其他法律文本可能使用与该含义相反的表述。或使用与该含义相符的表述,或使用该文本所规范的客体要求补充或澄清的表述。在第一种情形中,冲突的存在意味着违宪,因此有关文本不可能被用来作一般意义上的延伸;第二种情形实际上是对宪法文本的使用;在最后一种情形(这也是反对观点的实质性论据)中,宪法预设了对社会现实的典型评价,由于不能承认普通法的立法者可以对这种评价作不同的理解,因此有必要在宪法层面对其作出说明。

《意大利宪法》谈到了"社会结构","社会共同体"(第2条);"社会尊严","社会地位","经济秩序的限制","社会组织"(第3条);"社会进步"(第4条);(家庭是)"自然的社会单位"(第29条);"社会保护"(第30条);"社会救济"(第38条);"社会利益","社会目标"(第41条);(所有权的)"社会功能"(第42条);"衡平的社会关系"(第44条);(合作组织的)"社会功能"(第45条);"社会地位的提高"(第46条);"有关社会事项的……立法"(第99条);第35、42、43条谈到了"普遍效用"和"普遍利益";第32条谈到了"集体的利益";第82条谈到了"公共利益"。

显然,"社会的"这一定语的使用,虽然并不自相矛盾,但其含义并非完全明确。在此存在三种不同的含义：一种是描述性的，即仅限于对一些客观事物的识别（第2、3、29条）；另一种是对个人更深入地融入社会这一需求（也因此是权利）的承认[80]，并通过规定特定条件下有利于个人的措施来满足这一需求（第2、3、4、30、38、46条）；还有一种是作为评估与某些经济活动有关的法律情事的标准，指出这些活动的范围和可能的协调方式（第41、42、44、45条）。

就本文而言，上述第三种含义极为重要，因为它是唯一与"功能"这一概念相容的含义，也是唯一可以毫无歧义地被运用于"社会福利""社会效用""社会利益""社会目标"等表述中的含义。到目前为止，我们一直乱用这些表述，一方面是为了忠实于每次引用的那些作者使用的术语，另一方面是因为本文无意指出这些表述在概念上的差异。事实上，所有这些表述都意指社会最大值，这也正是协调所研究的各种不同法律工具的目的。正是基于这些实质性的而非仅仅是系统秩序的原因，本文认为，对宪法条文进行纯粹的文本分析具有误导性，因为这可能会得出完全不符合制宪者在经济领域主张的统一观念的结论；而这种观念的基础存在于所有权与生产活动的有机联系之中，而非存在于所有权秩序的特殊性质之中。[81]

在确定了"社会性质"在原则上等同于"非个人性质"[82]后，将上述表述进一步理解为"经济的和集体的福祉"则是可以接受的[83]。第一种理解("经济的")有文本上的依据,因为上文列举的涉及当前所研究的词义的所有规范都位于《意大利宪法》第三章,而该章正是专门规范经济关系的;但对这一可能值得商榷的论据,需要考虑的是,我们的制度中缺乏对所有权和私人经济活动的人格属性的认可[84],这可能可以从经济范畴之外予以解释。《意大利宪法》第41条第2款*规定的相同区分表明,对社会救济和人格尊严的保护(被认为是更广义的社会福祉)不在经济福祉的范围之内。

第二种理解("集体的")优于"非个人的"这种纯粹否定式表述。集体利益(或福祉)必须根据上述"社会最大值"来确定,结果是,它的确定并非总是通过妥协的方式实现[85],而是可能完全牺牲某一相关利益。事实上,对这一问题而言,宪法规范似乎并非旨在调和或缓和各种可能相互冲突的立场,而是旨在完全承认与所追求的社会目的相一致的利益。在将对私人经济活动的保护视为次位的和有条件的时,这一点便尤为明显[86];同时,就有关个人所有权的更为细致的管理规范而言,尽管宪法并未明示,但必须承认其具有类似的性质[87]。这意味着当所有权和经济活动之间的关系得到维系时,上述承认

---

* 《意大利宪法》第41条:(第1款)私人经济活动是自由的。(第2款)私人经济活动不得违背社会利益,或采取有损安全、自由及人格尊严的方式进行。(第3款)法律规定适当的计划和控制措施,以便引导和协调公共的和私人的经济活动朝着社会目标前进。——译者注

的前提是回应非个人性的目的[88],即社会利益是所有权和经济活动的基础[89];相对这二者而言,私人所有权可以说是一种被功能限定的对所有权的利用[90]。

但是,在《意大利宪法》第三章中,对于非个人利益的评估并不局限于其社会意义上的特征,因为该章还使用了"普遍利益"这一术语。因此,问题在于这种措辞的多样性是否以及在多大程度上意味着概念的多样性,亦即"集体的"这一定语(其中我们已经确定了"社会的"这一定语的特征之一)是否应该被理解为包含"普遍的"含义。《意大利宪法》仅在征收和国有化两种情况下使用"普遍效用"和"普遍利益"这样的表述。而对于这两种表述,首先可以注意到它们的含义几乎相同,而且均涉及备受瞩目的征收问题。[91]在我们看来,必须正确考虑后一表述的历史价值,从而理解"社会的"这一定语(在我们现在讨论的含义上)不能被视为与"普遍的"这一定语相对立;社会利益是在不同的层面上运作的,其与普遍利益所确定的层面不无关系。实际上,它代表了国家相较于私主体的传统行为领域的扩张;因此,这并不意味着对普遍利益的范围本身没有任何影响。[92]如果排除反对意见,这些观点也会使相关认定不再准确。事实上,可以发现,在这些类别之中,技术上程度不同的表述仍然展现出巨大的差异,因此(尽管这些词的含义相同)有关普遍利益的规定今天被用来规制在性质上小于(作为集体的)社会利益的情形。后者的范围更广(或者说"更普遍"),因为它代表宪法文本的一种倾向,因此也被提升到整体秩序指导原则的地位。[93]在这个意义上,于社会资格中确定自治价值的方案是合理的。[94]然而,如果利益的集体性不再被认为与整个国家有关(即使是源于单个族群的普遍考量),而只是作为特定利益(即使不是个人利益)的直接结果,这种解释将会失去其正当性。因为社会整体利益之外的所有集体利益,只能通过私法手段来实现。[95]事实上,可能发生的是,集体利益一方面与某一特定群体的利益相一致,另一方面与另一特定群体的利益相冲突;并且,鉴于《意大利宪法》有保护处于经济弱势地位群体的意图,这种情况将会更为频繁地在现行法秩序下发生。在两个原本特殊的利益冲突中,证明其中一种利益更占优势的,恰恰是这种利益对社会整体利益的更大附着。[96]此处无需再度强调反对把社会的整体利益解释为其所有成员个人利益的总和的通说观点。

《意大利宪法》第 44 条*之规定进一步确认和说明了经济和集体意义上的"社会的"这一定语的含义。而这种过去使用的方法[97]引起了许多争议和疑惑,尤其是这种方法断言不可

---

* 《意大利宪法》第 44 条:(第 1 款)为了合理利用土地和建立衡平的社会关系,法律对私人土地所有权设定各种义务和限制,根据全国各地区和农业地带的情况限制私人所有权的面积,促进且责成改良土壤,改造大庄园,重建生产单位;帮助中小产权者。(第 2 款)法律应采纳促进山区发展的规定。——译者注

能将特别适用于所有权领域的表述拓展适用于经济活动领域[98],而且其得出的结论也不准确[99]。我们也已经简要讨论了在所有权和经济活动领域对社会最大值问题进行统一讨论的可能。[100]此处唯一可以尝试进行的深入分析涉及这样一个事实,即经济活动领域的新颖性使引入一个诸如《意大利宪法》第44条这样由学者和立法者竭尽心力制定的有关私人所有权的具体法律条款变得更为困难。但该条对于一般原则的规定,不能适用于该条文义范围之外的情形。[101]

因此,社会原则的经济含义得以澄清,即简单的生产分配或利用不能被视为满足宪法文本所规定的条件;实际需要的是对私人活动的协调,以便更好地利用其所掌握的资源。关于什么是集体利益这一问题,需要说明的是,仅仅证明存在对集体有益的结果(例如,生产力的提高[102])是不够的,还必须伴随建立一个更加公平的社会关系的结果才足够充分。

如果我们得出这样的结论,即任何对"社会的"一词的理解总是交由立法者决定,那么我们有充分的理由怀疑迄今为止的研究是否有益。我们反对盲目增加行政机关的权力,也反对除法律规定的制裁和施加的具体义务外的其他形式。但从这一点到宪法秩序的清空,还有很长的路要走。

可以说,大部分学者在解释《意大利宪法》第41条第2款之规定时,关注的是企业主责任的问题[103],而没有意识到这不是唯一的问题,甚至不是主要问题。让我们作一个假设(事实上,这是完全非学术性的假设):一部肯定实现社会最大值的法律,为私人所有权设定了义务,或以仅使某些族群(或某些人)从中受益的方式引导私人经济活动。毫无疑问,这部法律是违宪的。[104]但宪法法院应该基于何种原则宣告该法律违宪呢?无论人们如何理解法官释法活动的性质,毋庸置疑的是,这种活动不能创造在我们的法律制度中原本不存在的原则。因此,存在两种情形:要么是该原则仅规定在提交给宪法法院法官的一般法之中,在该法律与宪法的规定没有冲突的情况下,法院不能审查其是否合宪;要么是一般法中规定的内容与宪法文本中的原则相矛盾,因此有可能宣布其违宪。如果后者是处理该问题的正确方式[105],那么意味着社会效用的确定原则上独立于一般法立法者的立法活动;并且,现在可以根据该宪法原则(而该原则因此获得现行法的统一效力[106])来评价关于经济活动和私人所有权领域的整体立法。

另一个可能可以回应各种反对观点的论点是:社会效用的确定,即使是在一个完全特殊的领域,也需要对国家的总体状况进行极为详尽的评估,这种评估只能由像立法者那样可能作出最广泛的评估和判断的人来完成[107];而且,它与变化着的条件相联系,故只能交由立法机构中的政治力量的代表作这种评断[108]。无论何种理由,似乎都不能使人们想从中得出的结论合理化。仔细观察不难发现,提及与历史变迁密切相关的概念以及涉及更一般性的评估的法律文本远比上述论点所表明的要多,而且这些概念并不是以纯粹理想的"政治—立法"形象出现在法律中的。观察私法,我们就会发现,对于诸如善良风俗、诚实信用、善良家父的勤勉等概念而言,尽管因其与社会现实的联系和含义之广泛而难以具体化,但不排除技术性地确定其含义并立即产生法律效果的可能。[109] 实际上,可以肯定的是,对这些概念的应用并不以立法者确定的有关其运作的历史背景范畴为条件,也不以探寻一个由伦理学或心理学(上述概念直接参考了这些学科)确定的严格且普遍有效的定义为条件。因为尽管通过善良风俗和诚实信用这些概念,道德的历史需求被引入了法律范畴,但毋庸置疑的是,法官对于这些需求的理解并不取决于伦理学对该概念的阐释,即使他们可以从这些阐释中受益。相反,立法者对这些概念的绝对不确定性作了很好的评估。将这些概念引入法律秩序,并独立于明确且变化了的立法规定来具体确定这些概念的内涵,是为了满足通过可变的衡量标准来缓解法律和社会现实之间自然产生的紧张关系的需求。

我们认为,社会效用这一概念属于阀门概念或弹性概念[110]:尽管我们对其作了详细分析,但这一概念仍然具有不确定性,而且这种不确定性是由它的性质所决定的。以这种方式理解的话,该概念不能被降格为"空白条款"。它本身已经包含了行为的标准和时机,只需要将其明确化。[111] 这也不同于自由裁量权的情形,因为在自由裁量权中,法官可以根据个案的具体情况,在几种不同的解决方案中进行选择。[112] 显然,在宪法层面存在这样一个弹性概念,可能意味着其与这些概念在私法领域的运作不同,它不限于解释活动,也包括可能进行的立法活动。[113]

三、所有权之功能的含义及其性质

对社会功能范围的一系列研究,因"功能"这一术语的不同含义而变得相当复杂[114],在此,有必要通过查明与检视这些含义来作初步说明。当然,这一初步说明并不旨在穷尽该术语的所有含义,也无意追溯其历史,而是因为该术语极为重要,有必要对其进行专门研究。另外,这一说明使我们更有必要提及 1918 年这一在所有权的法教义学史上意义重大的年份。

实际上,在此之前,法学家以及其他学者就已经讨论了所有权的社会功能这一问题——法律文本和相关文献唾手可得;甚至在此之前,就已存在对所有权人施加义务的规定。因此,将社会功能视为一般原则的讨论萌生于这些单行法规。[115]

对这样的讨论提出反对意见是困难的。但是,需要再次注意我们在讨论"社会的"这一定语时已经间接提及的事实:在战后初期,对有关社会发展问题的反思不再仅仅是意识形态刺激的结果,也不再仅仅是提出问题而不对此进行深入研究,而是成为一种真正引领研究的反思。经济学也对这一历史上并非偶然的巧合进行了研究:在经济学中,社会福利的概念也经历了一个转变,这在某种意义上类似社会功能这一法律概念的演变。社会福利这一概念在经济学家的研究中扮演着重要角色,而且在今天也广受关注[116],研究这一概念的文献汗牛充栋,但其同样充满争议性和模糊性,而且不乏矛盾之处[117]。对经济学而言,尽管不乏重述亚当·斯密时期理论发展的尝试,然而似乎可以在战后初期[准确地说是阿瑟·塞西尔·皮古(A. C. Pigou)的《福利经济学》(*The Economics of Welfare*)第一版出版的那一年]发现现代福利经济学研究所不可或缺的内容。[118]指出这一巧合并非仅仅具有启发性:一方面,随着与社会需求有关的内容成为科学研究的对象,并转化为历史学、经济学和法学议题,甚至连社会功能概念的确定也不再倾向与道德[119]、意识形态或政治秩序的目的完全一致,而是掌握了其自身在科学上的自主权。另一方面,这也是如主观权利这一概念那样在高度技术化的教义学内部运作的条件;它不再是部分学者的社会学主张的外部理由,而是研究的具体工具。如果没有随之而来的学术研究方向(哪怕是最低限度)的改变,上文提及的某些需求跨越立法障碍这一事实[120]也可能只是对法外目的的揭示。

这些研究始于那些年的法律思想变迁的整体趋向[121],在那个年代,许多法学家的注意力转向了创造、改变和破坏法律形式的具体力量上[122]。然而,由于各种各样的原因,意大利的民法理论并没有发生如此根本性的改变,其中一些原因我们已经简要提及。[123]需要补充说明的是,对于一个从事重大系统化工作的理论(这肯定是当时的意大利的学者们正在进行的工作[124])来说,这种视角上的重大转变不可能产生于特别法的新规定(尽管这些新规定为数众多[125]),而是需要一个更为重要的立法事件,即一个会触及该系统化工作根基的立法事件。简言之,意大利的理论缺乏对类似《魏玛宪法》第153条*之规定的思考[126],而且这种思考就算发生,也是间接的或极为迟缓的,不再具有前一阶段的示范价值。

此外,商法学于前几年开辟的新时代[127]表明,单独对与新的历史事件密切相关的问题进行研究是可能的,这些问题因

---

* 《魏玛宪法》第153条:(第1款)所有权受宪法保障。其内容及限制,由法律规定。(第2款)仅在符合法律之规定或符合集体利益的情形下才能对所有权进行征收。除国家法律另有规定外,应对被征收人予以适当补偿。关于补偿数额的争讼,除国家法律另有规定外,应由普通法院受理。国家对各州、各市镇和各公益团体进行征收的,须先予补偿。(第3款)所有权是义务,其行使须同时符合公共福祉。——译者注

此——尽管是在它们的示范性价值方面——不再受民法学者的关注。即使并非真正缺乏新的视角,也有足够的理由证明这种视角的转变并不那么直接,而且这些转变并非通过彻底抛弃旧的视角或完全接受新的前提来实现,而是通过持续且缓慢的批判性反思来实现的。鉴于某些思想在欧洲法学界的广泛传播,同时考虑到意大利理论的绝大部分亦非孤立产生,这种转变必然会发生。

本文无意纠缠这些问题,但在本文看来,我们目前所讨论的内容,一方面证实了研究社会功能这一表述的先驱们所提出的批判性质疑,另一方面也使我们为这些研究所选择的方案合理化,因为需要注意的不是环境的简单变化或对主流政治的屈服,而是法学思想的实质变化。

实际上,如果我们观察那些通常被视为社会功能这一现代概念的最著名的先例,首先吸引我们注意的无疑是天主教的财产观,这种财产观通过托马斯·阿奎那对共有物(bonum commune)的理论研究而呈现特殊的形式;这种观念早已出现在天主教早期领袖的著作中,在当代教宗的思想中也没有发生实质性的变化,并且也在社会通谕中得以体现。[128]可以看到,对这种观念而言,所有权"有"而非"是"社会功能。因此,这种观念仅仅说明了所有权在权利体系中的地位,而没有确定其任何具体特征。在教徒所承担的更为复杂的义务框架内,社会功能作为对所有权的调和，如同对所有权施加的限制。[129]就像其他人类可以支配的工具那样，所有权也不免被用于实现超越个体的目标。社会功能与其说是所有权的典型特征，毋宁说是上述目标的具体表现方式，因此尽管不能否认它的存在，但它仍然是外部性的。毋庸置疑，这种观念下的社会功能并没有革新所有权的历史结构，而仅仅是被插入所有权的等级秩序；通常被视为社会功能之基础的社会原因并没有成功渗透到法律制度的核心。并无争议也绝非悖论的是，社会功能这一理念更接近法国复辟时期盛行的学说，以及受国家专制观念影响的学说，而非更加接近现代学说。[130]实际上，这是因为所有权社会功能学说同刚刚提及的学说极为相似，为极端党派的公法学家所熟知。这些公法学家怀念封建制度，将《法国民法典》中的私人所有权同一种上下级的义务相交织的所有权（即社会和家庭裁判官创建的土地所有权）相比拟。[131]诸如此类的观念之所以是不可接受的，不仅是因为意识形态上的不同，还因为在我们的法律秩序中，客观上不存在相关条款，从而使建立一个家长制和等级制的社会成为可能，而这种社会则是使上述构想中的社会功能得以实现的基础。另外，社会功能如果没有被关于主体在其所属社会中的地位的一般性认识充分确定，那么它也不能从对权利的社会性质的一般确认中得到更多的澄清。当我们谈到私法中的社会功能时，我们实际上是在说，在这种表述的可能的各种含义上,法学是一门社会性的科学;我们可以在法律中找到社会现象。[132]那么,谈论单项权利的社会功能则很可能是同义反复。这是一种并不常见的反对所有权的社会功能这一概念的观点。这一观点认为,如果社会性是所有权利的属性,那么并不能通过揭示某一权利的社会目的来给该权利增加任何新的内容。这种反对意见并非没有根据,但当人们倾向谈论私权的社会性质或任务[133],从而将功能这一术语用在技术性层面并予以确定时,这种反对意见也并非无从反驳。

实际上,在我们讨论的这些情形中,社会功能不能被视为所有权的直接性质,而是通过对一般层面上的社会性质的承认或通过不改变权利主体的秩序,最终以结果的方式归因于所有权。这样一来,可以说每种权利都具有社会功能[134];但这既不影响权利的构造,也不影响它形式上的定义[135],并证明了一种通说,即社会功能是一句"洪亮但在法律意义上空洞的口号"[136]。

我们认为,在大多数情况下,"社会功能"这一表述的现代用法与我们提及的这些观念只在字面上有相似之处。首先,这些观念揭示了它们真正的特征并非功能性的,而是目的论的,并与旨在为所有权寻求一个法律之外的理由和基础的理论研究相关。这也许是现代法学没有保持宽阔视野的标志。[137]

当然,这也证实了动机和目的被置于法律构造之外的事实。[138]另一方面,正是这种对功能外在于法律的重申,导致了功能这一概念在使用上的矛盾:它——被认为是对个人主义所有权绝对性的缓和——成为捍卫传统所有权的表述[139],笼统地肯定了所有权的社会目的(可能不伴随,而且往往不伴随任何有效的立法措施),同时承认其实质上的不可侵犯性。因此,不可避免的是,在文化条件有利的情况下,反对个人主义权利观念的论战就会变成反对主观权利的论战。[140]

为正确理解完整的观点,有必要观察特定结构中目的与功能的区别,而不仅仅是法律思想的区别[141],目的被理解为一个抽象的、固定的且不变的任务的终点,功能则被理解为面对不断变化且不同情形的历史的和具体的态度。后者是在最常见的规范用法中赋予功能的含义;在始终同自身相符的僵硬结构与不断变化的功能的对立形式中[142],或在它们的辩证关系中[143];在不再忽视"功能或技术的第三维度"[144]及因此将"法律制度与经济功能"纳入关注范围[145]的需求;在重点关注行为中的法律而非书本中的法律[146]中……我们还可以继续列举下去,直至列举到那些更一般的以及更极端的表述,即试图确定法律本身的功能或将其构建为社会事实的功能。[147]

虽然以对功能的思考取代对目的的思考丰富了法学研究的工具,但当社会功能的概念被用来说明某一权利的特殊性质时,可以从这种思考视角的转变中获得的方法论的启示则未能充分说明社会功能这一概念本身。实际上,相较结构而言,对"功能"这一术语的使用是为了定义某一制度或权利的运作方式,其形态特征是已知且确定的;而谈论所有权的社会功能,与其说是为法社会学的研究开辟道路,不如说是为了指出这是所有权的众多特征之一。辩证地研究这种意义上的社会功能与结构的关系是不恰当的,因为它作为结构的一部分,只存在于所有权内部。我们使用"权利—功能"和"所有权—功能"这两个组合式的表达也并非偶然。

四、功能与权利:功能作为所有权制度的统一原则

以上的讨论尽管没有穷尽列举功能的技术特征,但也将我们引向了该问题的教义学症结:功能这一概念与主观权利的概念是否相容?要完全解决这个症结,就意味着几乎要重新思考关于主观权利论战的所有复杂术语。[148]本文当然不可能完成这项任务,后文仅试图指出在主观权利的传统模式下尝试维系所有权的系统构造所遇到的困难。

我们现阶段的研究方向不应再模糊不清。如果说功能事实上被认为是所有权结构的组成部分之一,那么所有那些可以追溯到它的规定(所有权人的义务和负担)就不能被认为是所有权人地位之外的内容,并被视为公法上的限制等。这一结论

可怕的所有权

影响重大，尤其对于那些认为可以通过重申所有权的结构不受一系列立法和社会变革的实质影响，以实现对个人利益更完善的保护的观点而言更是如此。这种保护方式似乎更加重视学者的理念，而非个人的权利。就后者而言，任何对所有权人的地位功能化的公法构建只会导致这一地位对公共行政权力更直接的隶属，而这正是传统主义者想要避免的。可以看到，如果这种处理方式最终与其初衷相悖，那么至少它尊重了主观权利的特点。具体而言：第一，旨在认可那些认为众多法律概念仍然与理解私法功能的过时方式相联系的观点，这种过时方式认为，私法仅限于将权利赋予个人，使其自动实现不同法律范围之间的平衡[149]；第二，旨在提醒人们不要为了使某一具体情况符合特定法律模型，从而歪曲前者的含义，此时承认不能涵摄才是合乎逻辑的。这证明了这样一种观点[150]，即造成私法贫瘠的，不仅仅是其自身发展的过程，还有民法学家所采用的方法；可以确定的是，对主观权利概念的反思必须最大限度地考虑到客观情事[151]。另外，如果想要厘清社会功能的产生以及运作的法律和经济背景，就必须避免因缺乏对历史的考察而产生的偏见，并坚持"资本主义并非仅仅以私人所有权为特征，而是以该所有权在生产活动中的结构和运作为特征"[152]的观点。因此，在当今社会和西方民主国家，所有权的社会功能被视为一个承认商品私有制的社会试图赋予私人所有权更大的范围以获得相应利益的工具。社会功能不仅被视为每项权利的目标(正如在一些社会主义国家中所理解的那样[153]),而且被视为所有权的要素之一,并被证明是资本主义法律制度的典型特征之一。

无论如何,让我们观察一下原则上否认所有权功能这一概念的可接受的观点。这种否认首先着眼于"所有权的功能"这一表述中存在的术语上的矛盾,即认为(作为约束的)功能与(作为自由的)权利是互相抵触的。这种观点是从技术上更为严格的另一种观点中发展而来的,即强调不可能在主观权利的形式概念(这也是构建这种观点所选择的视角[154])中加入义务特征的要素,因为这样会排除主体决定其自身行为的自由[155]。最后,功能的约束性表明,其与权利在所有权问题上完全不相容,因为所有权本质上是自由的体现。[156]

考虑到最后这一论断的一般性意义,有必要首先说明。不难察觉哪些哲学观念或意识形态是这一论断的基础,而哪些是伴随着它的整个发展过程的。因此可以看到的是,这一论断与把权利理论理解为天赋权利理论[157]的古老形式存在表述上的一致性。现在鲜有人坚持把所有权与自由等同起来的观念,这种观念在哲学和经济学中也遭到极力反对,这是一种方法论上的偏见,也是阻碍科学研究的众多谬见之一。宪法越来越少地赋予所有权传统权利宣言所赋予的地位[158];宪法开始

可怕的所有权

不再提及所有权[159]。相反,在私法领域,法典不能再被理解为等同于宪法和权利宣言对公法的代表[160],其功能的变化[161]对应它们建立所有权的不同模式以及对所有权定义的不同阐述,越来越偏离基于自由的定义来界定所有权的做法[162]。《意大利宪法》本身也证实了这些关于宪法文本的观点,该法通过规定所有权属于经济关系的范畴,表明其准确把握了这种坚持将个人和公民的利益建立在经济活动无条件的可能性之上的立场的局限性。这种思潮——除了通常强调的宪法妥协——不应建立在对自由主义过渡性成果的蔑视态度之上,而应该建立在对个人主义的新旧视角[163]以及对当前实现经济与社会衡平方法的更现代化和更深刻的反思之上。从中可以看出,对个人自由的肯定,尽管使用了不同于过去的一些制度所使用的手段,但仍得到了深刻贯彻。[164]如果对自由的追求不再被视为人类精神的基本价值之一,并从这个角度来判断它实现的历史形式,那么这种追求因与个别且短暂的利益成为一体而被视为可耻的,对自由的追求因此被认为是一种意识形态[165],而这种结果是极为可悲的。

我们将在后文讨论新的组织和经济管理形式给私法带来的问题以及它们对所有权制度的影响。但可以看到的是,该制度的重要性已经发生了变化。事实上,对所有权与自由之间关系的认定也源于对政治权力与所有权(尤其是土地所有权)之间关系的重要性的理论研究。但一方面,现今政治权力的归属在很多情况下不考虑所有权,因为某些与所有权无关的利润积累模式变得更加重要[166],而且权力往往更多体现在对物的控制而非归属之中[167];另一方面,所有权与控制权之间的分离,以及所有权被分割为越来越难以被纳入古典个人主义模式的形式,意味着个人自由与其说是在对所有权的获得以及对物的充分利用方面得到了保障,不如说是在防止所有权制度沦为特权工具和破坏财富的国家干预中得到了保障[168]。

上述观察是否正确并不完全取决于对某些意识形态前提的接受。或许更重要的是,法学家的类似论述均可基于客观的规定,基于一套根据恒定的方针制定的法规,并且这套法规如此丰富,以至于不能被视为例外;对这套规定进行代表性或穷尽式的列举是不合适的,因为这会是一个审查所有与经济组织有关的法律活动领域的问题。[169]通常认为,这一现象是现代国家职能的扩张所导致的。如果认为这不仅仅是传统国家职能的扩张,而且也是法律运作方式的改变,那么这种看法当然是正确的。为了说明传统的区分意识发生了多大的变化,以及这种变化如何触及制度的核心,学者们开始考虑政治因素逐渐增长的影响力[170];这表明,一种倾向仅仅通过改变公私法之间的传统界限来解决新问题的方案是不够的。据此,我们认为,必须讨论公共哲学的深刻变化[171],这种变化越来越明显地反映在立法活动中,并最终导致法律本身的功能的彻底变化。

我们认为,上述这些都是法学家们在讨论所有权和自由的关系时要提及的内容,从这些内容中都不能得出排除所有权功能特征的论据,但这并不意味着我们讨论的问题就此得以解决,因为在教义学层面仍然存在一些困难,而这些困难的本质则可以追溯到我们已经简要提及的观点。[172]

实际上,一个极为模糊且简单地建立在公法学者论述之上的功能概念常常被置于主观权利之上。[173]因此,致命的是,有关功能的内容完全建立于法律之外,并描绘了一种更接近自由国家尚未通过干预手段将所有权从公共功能中解放出来时有关所有权地位的图景,而这在今天则可能导致严重的曲解。事实上,即使人们认为征用权与使用权的区分这一古老的学说有再现的迹象[174],这种区分也应当从历史学的角度而非社会学的角度进行。

然而,如果我们尝试扩大对理论观点的观察范围,就会发现,直接或间接承认功能特征与主观权利相容者不在少数。首先,那些主张将对功能的拒绝限制在特别法未予规定的情形的观点[175],并不认为功能与主观权利这两个术语在逻辑上是不可协调的。这一立场可能与那些与其他主观权利有关的认识接近,这些认识在所有权中发现了明确和直接的相似之处。[176]重要的是,这些观点在商法的研究中出现得更多,在这一研究领域,某些传统的阻力要小得多。再加上常常提到的制度性限制[177]或制度性目的取向[178],这种观点的基本要素就显现出来了。每当要对某一特定法律地位的限制进行制度上的描绘时,就不得不对其进行结构性改造。

另外,功能与权利的简单对立并非使对所有权的反思符合当前法律经验的最准确的方法,这一点已在我们现有的大多数研究中得到证实。[179]这些研究之所以具有示范性,正是因为它们坚持了一种多方面的事实,并反映了当代学说中的某些困窘状态。[180]正是因为所有权的开放性,才解释了对功能特征在所有权中的承认不像在其他权利中的否认那样不容置疑;事实上,这种肯定常常被"所有权(如果尚不存在)正逐渐成为一种(实现复杂和多方面的)社会功能(的工具)"[181]的意见缓和。

正是这种强调法律发展的需要,将解释者置于艰难的岔口,置于意义有限的过去的成果和轮廓仍然模糊的未来的演变之间。因此产生一种趋势,即指出所有权不是什么或不能是什么,而不是所有权真正代表什么。[182]

然而,对理论的研究不可能止步于此。这不仅仅是因为我们所提出的问题尚未得到解答,还因为从中会产生明显的漏洞(而且这一漏洞在许多场合已经开始显现)。我们需要寻找在这一不确定的演变中可以保护所有权制度的方案,避免使其轮

可怕的所有权

廓僵化并迅速沦为无用的工具。

我们可以从部分研究中汲取的教训是:构建与主观权利范式完全相符的所有权制度,仅在完全牺牲所有权的功能时才有可能[183],其结果是,一个如此构建的范畴缺乏客观法上的依据。因此,这些研究试图通过借助公法中的制度来理解与这一法律规范的联结,从而可以充分理解所有权在当代的法律演变。那些认为所有权人的权能的每一次减少都不过是国家职能的扩张的观点,使公法制度魅力大增。[184]正如那些专制主义意识形态的实际情况一样,国家与人民(Volk)对于个人而言有着特别的地位。[185]只有在这种视角下,或者在某些物的特殊规则方面[186],才有可能在我们这样的法律制度中将所有权人打造成公共服务的代理人的形象。但即使是功能特征的最极端的理论也不支持这种观点。虽然代理人以自己的名义实施行为,但该代理人所提供的服务或功能的权利人是他人。[187]就财产关系的普遍性而言,我们谈及的当然不是这种公共机构的所有权,因为不论是从形式上看还是从实质上看,归属于私人的所有权都没有发生如此深刻的变化。

在任何情况下,代理人都以自己的名义实施行为,这意味着反对使用这一形象者必须更有力地排除那些认为所有权人(其权利与社会功能有关)具有国家机关色彩的观点的依据,从而使所有权的公法性质的前提变得更加严格和极端。这种观点的不足之处也是显而易见的,鉴于私主体的地位,反驳说这是行使职权的权利也没有任何意义。除了需要区分职权和权力的归属[188],即使承认职权可以作为权利归属于某一公职人员,职权这一用语显然也是不准确的,"授予某人权利,则该权利成为被授予者的权利,从而当然不再是国家机关的职权"[189]。

至少在一点上,传统的观点值得坚持,即需要仔细研究权利归属问题,这是一个法律体系最具启发性的特征之一,因此这种归属的结构是为所有权而设计的。之所以不能苟同上述观点,是因为它们拒绝从私法的角度思考对所有权人的权能并非无条件的分配(法律活动在本质上固有的限制除外)的问题;这些观点不关注制度的特殊方面(所有权制度在整个法律体系中的特殊性),所以很容易继续假定形式上的规则保持不变。然而,如果不想无视现实的话,这种方法将不可避免地导致实际上的所有权与法律上的所有权的对立[190],从而在规范法律上的所有权时全然漠视实际上的所有权的状况。使用此种及其他类似的手段(仅在私法自治日益减少这种极为宏观的层面上讨论所有权的新秩序,而没有对结构性后果作任何审视;抽象地重申与某些情形有关的权利的弹性,在这些情形中,由于缺乏对所有权人特定权能的制度性分配,所有权扩张的可能性因此被排除,等等),当然会使人们相信所有权的法律概念相较百年前而言没有变化[191],但这也会使针对这一概念的讨论变得毫无意义,并使这种讨论偏离我们提及的各种问题。

如果对这种极端观点的争议性坚持具有某种建设意义,那么学者们会通过说明这些思想是源自多么深刻的教义学理论来为其辩护。在这种对潘德克顿法学的信仰中,存在着对体系精神的滥用,这种信仰坚持将潘德克顿法学的分类法强加给在需求和方法上已经变化了的法律现实,从而赋予所有权逻辑上的而非历史上的价值。[192]另外,使这些传统主义的极端观点以及完全公法的理念同所有权的真实情况相脱节的差异,似乎可以通过诉诸职务的概念予以克服,这一概念在私法领域已被广泛使用,并似乎具有教义学层面上的满足新需求的所有特征。

实际上,很难认为所有权人的地位(即使功能性的义务被最大化)可以等同于行使职权者的地位。对于后者而言,行为人的行为方式是由权力的归属所决定的,不论选择何种视角,职权的基础始终是外在于行为人的利益。[193]就此处讨论的问题而言,关键不在于它是哪种利益,也不在于它的相关性应被视为直接的还是间接的[194],而在于是否可能将所有权人的主观利益与此种外在利益完全分离[195]。从技术角度看,我们的法律制度并未提供这种可能性,因为其规定了所有权的私法特征与社会功能的共存。[196]我们可以从意识形态的角度和经济上的可操作性的角度来探讨这一制度的好坏及其内在的一致性[197],但这永远不能成为忽视客观法律规定的理由。

可以这么说,本文无意采取所罗门王般的立场,或试图调和那些经常困扰特定研究结论的反对观点。然而,当我们希望忠实于立法和社会现实的主张时,必须牢记的是,虽然绝对主义的立场已经过时,但现在还不是只关注功能特征的时候。从技术的角度看,很显然,公共所有权与私人所有权以及经济财产之间在归属上的区别(《意大利宪法》第42条*)构成了确认所有权继续归属于个人本身的坚实根据。改变的是权利归属的基础,个人的地位与其所属社会群体之间的联系对于立法而言具有决定性意义。[198]换言之,根据关于经济法律关系的主流学说,权利的归属不再是无条件的。

这一变化赋予功能以法律上的根据。具体而言,这首先表现为不再赋予所有权人某些特定的权能;其次表现为设定行使所授予权能的一系列条件;最后表现为在尊重自由的基础上,或按照特定的程序,设定所有权人行使特定权能的义务。

---

* 《意大利宪法》第42条:(第1款)所有权分为公共的和私有的。经济财产属于国家、集体和个人所有。(第2款)法律承认并保障私人所有权,同时为保障其社会功能并使所有人都能获得财产,法律规定所有权取得、享有的方式及其限制。(第3款)在法律规定且给予补偿的情况下,国家可以基于公共利益的需要征收私人财产。(第4款)法律规定法定继承与遗嘱继承的规则与限制,以及国家对遗产的权利。——译者注

可怕的所有权

在这些具体表现中,衡量的标准显然是社会利益。第一种情形涉及的是现今极为常见的所有权内容的减少;当对任何法律地位形式上的研究出现疑虑时,不应认为对该法律地位内容的检视是无关紧要的。[199]事实上,当不能将某种或多种权能赋予所有权人时,只有借助完全无益的迂回解释,才有可能继续将主观权利的经典范式的所有特征赋予所有权。正如前文所言,所有权的弹性不能被用来解释这一问题,因为在这种情况下,在法律上缺乏重新扩张的可能性;另外,有义务不行使从所有权人那里夺取的权能的说法[200]无异于玩文字游戏,完全是自相矛盾的;所有那些试图将极为限制性地行使这些权能的情形归纳为一个抽象的绝对范式的失败做法亦是如此。人们没有意识到的是,例外已逐渐成为主流,这与形式上的资格无关。

在上述第二种情形中,所有权人所为行为的效力取决于特定前提条件的成就。从权利行使的角度来看,在这种情形以及前一种情形中,都有可能将行为的可制裁性归结为该行为在合法性方面的缺失。同样,当义务和负担被课予所有权人时,所有权人的不作为决定了所有权的归属或行使缺乏合法性;如果所有权超过了法定的数量限制,情况也是如此。[201]

本文仅简要讨论这些合法化功能概念的观点。[202]毋庸置疑,我们所使用的合法化这一概念可以被归为描述性概念的范畴。但合法性的范畴具有非常丰富的一般性含义,以至可以适用于一系列建立在复杂前提条件之上的情形。因此,在本文讨论的情形中,诉诸这一概念完全可能导致其适用范围的不寻常扩张,但此种扩张并非全然没有根据。

因此,功能不能进一步与保留给集体的所有权内容的外延相提并论,它是一种省略的表达,它统一了法律资格的前提条件,从而确定了权利归属的具体内容。[203]

五、制度的社会功能与物的社会功能

上述观念排除了其他一些观念,尽管这些观念承认社会功能,但不改变所有权人的地位的任何要素,而是将功能归于作为制度的所有权,或仅将之归于作为所有权客体的物。

"为实现社会功能所需要的所有权,并非作为主观权利的所有权,而是作为法律制度的所有权。"[204] 为了得出这一结论,需要继续构思所有权内容之外的限制,而这首先涉及的是相较修改或限制所有权内容而言的、作为先验存在的所有权的实质内容[205];其次则涉及制度的概念,由于这一概念具有不确定性以及会带来不必要的重复,人们对其持各种各样的保留意见。

有学者指出,这种观点的缺陷是没有充分考虑所有权人的地位:"只要在实证法中发现对所有权人的行为的限制,这种不足就会立刻显现出来。"[206] 每当谈及所有权的实质或规范内涵时[207],这种观点要么诉诸纯粹自然法学性质的论述[208],要么诉诸潘德克顿法学反历史的论述[209],其片面性便显现出来。这些论述被用来替代对实证法的研究,而实证法又并未为这种建构提供任何支持,只规定了作为变更物之归属制度的法定手段的"形式"。[210]

可以注意到,即使存在可用来论证对所有权实质内容的承认的一些宪法上的保障,这种保障最终也会失去意义,因为不存在一个独立且统一的所有权制度。[211]尽管没有得出与普利亚蒂类似的结论,但许多学者都承认这一点。这些学者在分析实证法的基础上,认为根据所规定的物的不同类型,存在不同的关于所有权的法律规范。[212]问题是,对于一个开始在法学家的观念中形成的结论而言[213],目前所接受的所有权制度的概念是否仍有意义。

"制度"这一术语被用来指代不同的实体,"有时是一组构成要件,有时是一组物质,有时是一组规范,有时则是一组法律关系"[214]。即使人们希望避免对这些不同的含义进行分析,以确定何种含义最为准确,而是选择像理论上通常认为的那样,用"制度"这一术语来指代一套规范,但可以作为将个别规范归入某一制度的标准仍未明确,而这是所有以"制度"来指称一套规范的定义的前提。[215]部分学者认为这种标准具有任意性,并认为制度只不过是单纯分类的结果,在不同的评价中总有可能被其他观点替代。在这种情况下,将一系列法律规定归纳为一个实体,并不符合任何客观因素或这些规范的内在逻辑,也不具有科学性,而仅具有技术性。具有科学性的是法律制度理论,其中,制度是理论研究的对象。[216]实际上,这种区分相当混乱,这不仅是因为对制度的这种理解方法也涉及"生活关系",而且这也是法典在构建制度时所遵循的(非任意性的)标准[217];还因为理论研究活动——只要把"由其他人确定的,或由该学者本人在其研究活动开始前确定的"制度的概念作为研究的基础[218]——不满足于这种概念,并最终追求以另一概念来替代该概念,而这种新的概念可能与最初的概念截然不同。这种区分尽管处于混沌和萌芽状态,但它确定了存在于法律制度这一领域的基本对立:一方面,肯定了法律制度完全是法学家类型化和形式统一化活动的结果;另一方面则指出,法学家的这种活动实质上是基于客观情事的关系来对规范进行排序。正如我们所看到的,这种对立非常接近"阶级"这一术语所强调的多义性,它既表示作为主观活动结果的纯粹抽象内容,也表示独立于研究活动而存在的事实。[219]在第一种情况中,法学家的活动以抽象程序为指导,最终采纳的方法与自然主义法学采纳的方法极为相似[220];而统一化的标准将是严格形式性的,不考虑法律规范中的规定。在不否认法学家自主活动的介入的情况下,另一种含义以与法律无关的实体(即使这些实体与法律规范的存在方式密切相关)为基础,并在规范本身所规定的生活关系中[221]、在所规范的社会现象中[222]、在受保护的利益中[223]存在统一的标准;尽管涉及不同的价值(不难将有机体论的价值与纯粹实证主义或目的论的价值区分开来),但把这些价值归于一个普遍的共同含义也并不牵强。这种观点存在一个缺点,即忽视了中间立场。但需要指出的是,这些关于制度的分歧反映了关于法学方法及其性质的争论,以及关于法律概念的性质、价值和建构的争论。

实际上,制度并非纯粹逻辑事实,也并非自然主义下确定的集合,否则对其进行形式上的建构意义不大,因为只需要简单改变前提,它便可以被不同的构造取代;但也不能将其视为对关于某一社会现象的多个规范的简单标识,而不考虑实证法规范自身的特征。当人们发现需要利用管理性规范的同质性来补充社会现实这一标准时,便会清楚地把握前述观念,而这也已经超越了纯粹有机体论的视野。统一识别标准的任务并未在社会现象中完成(因为这是不同法律部门的主题),而是在保护性规范的存在方式或所规定的保护类型中得到实现,这绝不是对客观情况的简单反映。因此,只有当规范所依据的社会现实和所保护的社会利益构成有关规范的共同的立法理由时,它们才会被视为制度的识别原则。[224]但这同时意味着,法学家对制度的识别不能被认为是简单逻辑活动的结果,因为对立法理由的探寻需要仔细考虑规范目的,制度的结构性要素都是围绕目的确定的。

从这一简要的研究中可以得出两个结论:第一个结论与当前我们探讨的主题直接相关,即确认识别规范整体之特殊立法理由的研究的合法性,此种规范整体规制物之归属的不同情形,在确定此种立法理由于我们所考察的不同情形中可能会发生变化后[225],随之而来的制度分化使所有权制度社会功能的主张因缺乏客观层面的保障而变得徒劳无功。另外(这也是更为全面的第二个结论),在我们看来,无论是什么功能,要称之为制度的社会功能,就必须将其提升到本质(*quidditas*)层面来谈论[226],使之成为一个独立的存在,然而问题存在于某一法秩序的概括形式上。很显然,规制某一功能的规范不能是该功能本身。

此外,"所有权制度"这一并不准确的表述可能会带来极为有害的重复,这在那些自认为可以通过区分实际上的所有权和法律上的所有权来维系传统所有权概念的纯洁性的学者身上得到了体现。这让我们回想起十九世纪下半叶使德国理论产生分裂的争论,这场争论在今天看来是如此遥远,以至于无需再度提及。[227]布鲁吉(Brugi)的观点仍具价值,他认为,如果这种区分意味着所有权在被视为法律制度之前是一种现实生活中的制度或关系,那么可以说,我们的每一种制度都是如此;另一方面,如果主张所有权的法律形式取决于其现实条件,那么这只是提出了一个法学无法回答的问题。[228]

当我们谈及功能性的物[229]或物的社会功能[230]时,与现在注意到的、与不能被视为一种功能类别的制度相似的误解便显现出来。

事实上,无论人们愿意接受什么样的物的概念[231],这似乎都是与物的内容截然不同的法秩序的客观问题,每当使用功能这一概念时,都会涉及这一问题。物的功能特征并非理论上争论的首要问题,它是体现对不同类型的物的特殊规定进行更仔细的研究这一需求的不恰当的方式之一。其局限性在于,在穷尽纯粹客观范畴的情况下,它会导致对规制所有权人行为的秩序的排除或错误思考,而即使仅对实证法进行简单的检视,这种秩序的重要性也是显而易见的。[232]这种局限性也许在那些认为当代立法倾向规制物而非所有权主体的学者的论述中更为明显[233],他们甚至断定"作为权利的所有权消失了,而作为物的所有权出现了"[234]。从本质上说,这意味着不再追求对主体行为的保障,而是追求以最符合被认为是普遍存在的利益的方式使用物。现在,假设这种立法视角的变化确实已经发生,但得出的结论似乎并不准确。毋庸置疑,考察主体的行为方式发生了变化;然而,这并不是要否认主体的重要性,而是要让其适应这样一个事实,即"法律在当今的经济进程中是作为一种积极的工具而存在的"[235]，从而放弃在相信经济平衡的"当然性"体系中应有的中立性和纯粹保护性的状态。企业法的立法与学说史——至少在一开始就标志着迄今为止被所有权覆盖的制度的出现[236]——显然表明人们的注意力尚未退到物上，而是感受到了人的行为日益重要，并发现了一种用来控制那些仅能在客观视角逃离监管的情形。在我们这样的法律体系中，这种视角的现实性证实了一些观点极具启发性，正如前述关于"企业法"的观点[237]，正是因为对最典型的现实情况(所有权)中主体要素重要性的研究，才使在现实之上建立这些观点成为可能[238]。

对历史因素的分析也不应忽视这样一个事实，即以公共利益为基础的物的分类一直存在[239]；很显然，这种分类具有相对性[240]，会根据时间和需求的不同而变化。这是唯一值得参考的结果，不仅是为了发展对生产资料与消费品之间的区分，这种区分代表了构建"所有权—功能"这一架构的不可或缺的整合[241]，而且是为了避免将其视为绝对的或排他的分类，相反，进一步进行分类显然是可能的(甚至是必要的[242])[243]。当然，这绝不可能意味着仅仅考虑物即为已足，在西方法律体系中，这意味着在原则上假设规制所有权人行为的规范没有变化，而事实上，所有权规则的多样性恰恰使人们反思规制行为的法秩序的多样性。

六、物之归属与新的系统性标准的可能性

为此,必须讨论与所有权的内容直接相关的问题。反对这种处理方式的意见已为大家所熟知,即要么认为与内容有关的问题于主体地位形式上的定义而言无足轻重[244],要么认为这种差异与经济社会内容的多样性有关,绝不可能影响所有权的法律构造[245]。仔细观察就会发现,这两种反对意见并非具有决定性意义,前者实际上意味着承认一个暗指所有权实质内容的先验的定义;后者通过单方面强调法律规范自身有涵盖已经变化了的情形的能力,使法律结构与社会事实之间的关系变得极为僵化,以至于让二者濒临脱钩。

在这样的讨论中,学者们不会听从任何危险的建议[246];对于每种可被归入事实范畴的情形,对其内容进行分析都是极为必要的,因为这是区分不同情形的唯一方式,并有必要根据所规制的利益对每种构造进行理解与说明。当我们更加仔细地研究宪法文本引入所有权的社会功能所依据的模式,尤其是那些或多或少受到《魏玛宪法》影响的宪法文本时(《联邦德国宪法》第 14 条、《意大利宪法》第 42 条),这一点便更为明显;在抛弃了外部限制的观念后,对所有权内容的确定也就成为解决关于物之归属制度的立法问题的唯一决定因素。[247]这些并非使人们必须对所有权的内容进行研究的次要原因,此种研究

揭示了所有权的多种不同类型[248]。然而,将这种研究视为一种纯粹分割式的研究是错误的,因为其不仅打破了以前认可的所有权的统一类型,而且还使我们对物之归属现象有了新的认识。显然,这并不意味着所有权人负担的义务或限制可以被归于功能,进而得以将后者纳入所有权的内容。在确定哪些义务属于功能的范畴时,必须始终牢记功能是在社会意义上被确定的,而且功能不应被理解为广泛涉及与广大社会成员相关的每一种利益,而应在上文已经讨论过的确切含义中确定。另外,社会功能不能被简化为在特定情形下体现具体的和历史的要求的个别规定。就这些个别规定而言,功能与其不能被当然视为超越这些规定的先验的存在,毋宁是其获得合法性的法律基础。因此,在特定情况下,如果没有成文法规范来规定这种要求,功能的重要性就不容否认。在这种情况下,首先,只要满足类推适用的前提条件,就有可能把为另一种情形规定的关于功能的法律规范扩张适用于那些缺乏此种规定的情形(下文将讨论类推适用的可接受性);其次,功能的直接可操作性恰恰体现于一个事实,即它有可能在未来为当前缺乏规范的情形制定一种特定的功能规则。这样一来,功能便被视为描述所有权状况的一个要素,它独立于当前存在的法律规范。因此,如果功能是以作为改变传统上承认的所有权架构的要素而出现的,它也应该被认为是

可怕的所有权

以统一的形式构建所有权归属现象的契机,因为我们所面对的不再是不确定的多种特定义务,而是一个典型的要素。而归属的情形并不会在所有方面都与所有权的情况一致,因为功能要素的决定性存在排除了所有与之不相容的要素。最后,值得强调的是,从这个角度看,法官的活动具有特殊的重要性,因为法官被要求确定功能的具体适用范围。[249]

这为新的系统性标准提供了可能,使用这些新标准可能会让我们以新的方式来研究其他物权(如用益权和永佃权)。这一点——那些认为在物权方面更适合谈论"归属次序"的学者也含蓄地承认了它的丰硕成果[250]——值得我们深入研究。很显然,这些研究的视野不应局限于传统上被接受的物权规则,而应予以扩展,从而能够理解诸如企业或无体物等现象,或义务特征逐渐减少的临界情形,并以现实的所有特征予以呈现(例如,城市不动产所有权的通常构造)。

那些认为所有权转型的过程"一方面,从内容上看,会侵蚀所有权的内容,即减少所有权人公认的权能;另一方面,会侵蚀私人所有权的保留领域,即缩减私人所有权被认可的客体"的预言[251]仅部分得以实现。事实上,如果说所有权在主观权利层面确实受到了侵蚀,那么在客体层面则并非如此。这也是提出该预言的学者多年后所承认的,他指出,"不能否认的是,现代立法趋向通过修改或废除传统所有权的许多特征,为我们提供一个'所有权'的形象,这种形象与其他权利的形象不再那么抵触,并能将后者包含在自身之中"[252]。在这一过程中,立法只是回应了历史现实条件提出的要求,其中的新情形代表着所有权的归属中最有意义的方面,这实际上与普通法国家的经验更接近,这些国家保留了更符合社会学的所有权的法律概念。[253]

这些理由足以证明和强调所有那些探索的重要性,这些探索旨在应对对逻辑的滥用和罗马法与现代法教义学之间的错误关系[254],并更新法定分类方式。上文已经谈及企业法的模式[255],这种模式极为重要,因为它说明了我们试图描述的问题:由于不受潘德克顿法学前见的束缚,它对所有权的法律模式极具启发性,并不可否认地澄清了这一模式的历史范围。因此,有学者正确地指出,"物权的类型并非逻辑的范畴,而是历史的范畴"[256]。但这必然意味着这些类型虽然名称保持不变,但其内容很可能已经发生改变[257],故在每个时代必须探寻类型的实际内容,而不是有义务接受该类型的"现状""创造其他权利,并不过度扩张来自罗马法的规则"[258]。除了考虑我们采纳的分类在多大程度上忠实于罗马法的研究,创建新的权利类型的要求无疑存在一种模糊的"唯名论",此时研究方法虽然保持不变,但可能会没有成效。

然而,毫无疑问,这些研究旨在在所有权的规制模式保持不变的情况下了解其内容上的变化[259],考虑到受规制的利益以及所有权人可为的行为,这些研究会发掘出真正的结构性差异。而到目前为止,公法学者是最快察觉到这些差异的。

因此,如果已经统一的情形失去了它们的这种特征,而已经不属于这一类别的情形在现实中出现踪迹(尽管是在新的且仍然模糊的归属制度之下),那么,正在发生变革的正是私法中最稳定的问题之一。于是,传统物权的数目(一直没有改变,并且看起来几乎是一个不可逾越的界限)可以为那些否认这种发展具有法律依据的人提供辩护。实际上,在此不能援引物权法定原则。在回顾了物权内容法定与类型法定的区别后[260],我们会发现,即使我们接受类型法定的经典理由[261],它也应被视为实现私人意思的障碍,而非对立法者行为的限制[262]。现在,许多研究提出的系统性创新大多源自客观法规范。面对这些规范,以立法者没有命名新的权利类型作为反对意见是徒劳的,不应混淆立法者与解释者的任务,后者仅负责指明其欲利用的法规中的"标识"[263]。

但是,面对已经发生了深刻变化的法律现实,这种或其他任何片面的反对意见均无济于事,这种新的现实当然也不会允许自己被框定在旧的模式之中。因此,对所有权概念的捍卫不再是坚持那些旧模式,而是提出能够实现类似过去的结果的新模式。这体现在最近的一次研究中[264],它试图对所有权碎片化的趋势以及对将实质上与所有权不同的情形等同于所有权的观点作出反应。通过正确使用"支配"这一概念,迄今为止主要在一般理论层面上讨论的学说在私法领域得以实践。[265] 从支配与权利的区分来看,前者足以将受制于它的物的状态标记为所有权,主观权利可以与之并存(这些权利仅具体涉及对物之管理的状态),或与之分离,但不会产生新的所有权。[266] 后者则可以被定义为"某物受制于私人自治的状态,更确切地说,是受制于由处分权和取得权构成的地位,以及受制于构建物权关系和债之关系的权能。欧文·赛尔德(Erwin Seidl)的表述更为简洁客观,即所有权是在私法自治和公共自治领域具有可支配性的物权情形"[267]。

这种理论所提出的区分,如果一方面并不使问题从支配领域实质地转移到权利领域,另一方面对权利的研究并不因支配领域的排他定性而失去意义,那么便能满足当今对权利归属的情形和序次进行更为全面的分析的需求。事实上,原则上包含了所有权全部权能的支配在自治层面上决定了权利的归属。现在在这种表述中,明确性和区分性的需求失去了意义。由于对权利的研究总是外在的,不能对概念本身进行任何修改,即使支配是确定归属的基础,其也可能陷入困境,或陷入黑格尔式的黑夜,在此,不仅是实际上的差异,法律结构的特殊性也会逐渐消失。这种研究呈现出从极度一般到极度特殊的两极分化的特征,人们不止一次感受到二者之间的间隙。例如,在审视功能特征的方式中,这一点便极为明显:一方面,必须将功能特征视为隐含的、为自治特征本来所固有的[268];另一方面,它也涉及法律问题,尤其是在生产资料方面,功能必须服从法秩序的需求[269]。无论是作为一种不需要明确提及的一般逻辑内涵,还是作为一种极为特殊的动机,功能都失去了其自主存在的理由,并在操作层面变得难以捉摸,即使与支配层面有关的主流解释方案可以使其避免所谓的功能与权利之间的互不相容。

总而言之,圣罗马诺的主张是对所有权的传统构造及其与其他物权的关系的一种极为有趣的新论证,但似乎可以认为,该学者得出的限制性结论是并非与该结论的前提相符的唯一结论。我们当前所讨论的问题体现在对构建所有权的两个层面的确定之中,我们可以将之概括为"更严格的区分"与"新的统一形式"这两个并不互相矛盾的追求。

七、所有权的定义与功能的适用范围

从某种程度上说,上述结论似乎也被圣罗马诺关于所有权的定义证明。该结论遵循一项古老的原则,即"所有权的定义在其内容上只能是一般性的,以便勾勒出最广泛的轮廓,从而能包含该制度的所有类型"[270]。

本文在此不再详述法律定义的价值与合法性这一极为复杂的问题[271],尽管最近的一些文献激起了新的火花[272]。对法律定义的争论在1942年的民法法典化中获得了新的养料,此次法典化的特征便是对定义的滥用,使法典带有明显的教科书色彩。[273]这场争论在所有权的定义这一问题上尤为激烈,这不仅是因为所有权内容的广泛性所带来的定义困难[274],还因为对它的定义也不知不觉被嵌入了立法背景。换言之,就所有权的定义而言,无论该定义是由立法者还是由解释者提出的,它既不是一种传统上的概述,也不是一种对规范的概括表达,而是一种先验的或被任意强加在客观规范之上的说明,是对定义者的意识形态的表达[275],而非对一个产生于规范的概念[276]本质的描述,或对一个产生于使用特定术语的规范的概念[277]本质的描述。实际上,如果回顾所有权的定义史,从注释法学派到最近的观点[278],我们就会发现,所有权这一术语几乎总是被用来表述某些法律架构,而这些法律架构与同一语境中对这一术语的定义完全或部分地不一致,造成这种不一致的原因有很多,有的是政治原因[279],有的则是体系思维与现实之间的差距[280]。面对这些情形,说明或建立某一术语的使用规则当然是有益的,学者们认为这是法学的任务。[281]

然而,这样的说明有可能使我们仅将传统的定义适用于社

可怕的所有权

会经济价值较小的客体,这种传统的定义(侧重所有权的内容或所有权人的权利)可以被如此概括:所有权(或所有权人的权利)是对客体为法律未予禁止的行为的可能。尽管存在不同的变化,但这一定义的基本特征保持不变。巴托鲁斯的范式[282]仍被采纳,这证明了这位法学家的伟大洞察力及其表述之精妙[283]。于是,名称再次保持不变,但内容已发生了深刻的变化。只需观察这些定义中的任何一个就够了。现今仍然有效的《法国民法典》第544条对所有权的定义:"所有权是最绝对地享有和处分物的权利,法律和条例禁止的使用除外。"这一定义中最重要的内容,无疑是"法律禁止的使用"。在否认立法干预的任何积极价值并仅将法律视为某些一般游戏规则的公正守卫者的文化环境中,这种消极规定作为对公民权利的保障具有深刻意义。由于法律现今被赋予相当不同的价值(成为社会经济进程的积极工具[284]),上述规定已经失去了权利保障的意义,成为对现存所有权干预方式的简单确认。当人们认识到特别立法越来越重要,以及这些立法范围之广的合理性时[285],这一点便更为清晰:在面对"于文本上受人尊重的"民法规范时,特别立法不能被"视为永久过渡性的……例外"[286]。

对客观规范的研究表明,"所有权"这一术语并非在单一的含义上被使用[287],这意味着,如果不将对所有权的使用限制在该术语目前表示的多种情形之一中,那么便不太可能对所有权作出严格的定义。除非人们倾向保留所有权的多义性,并继续追求其抽象性而非具体性特征。[288]

如果同样坚持认为需要承认多种所有权的情形,而不是某种单一的所有权形象,并坚持承认社会功能这一概念,那么就会为反对意见开辟道路,暴露这种严格定义思想的矛盾之处。换言之,可以说鉴于所有权的不确定性及其多义性,即使有把握确定社会功能的内容,这一概念也不具有可适用性。

对于解释者而言,这并不是一个难以解决的问题。实际上,我们面对的是从科学角度看典型的错误立法规定,法学家的任务是解释它[289]而非接受它;立法者的错误不能为解释者所重复,也不能成为新的错误的借口。但是,解释并非仅有这样一个目的,即确定哪种情形可以被严格定义为所有权,从而得出社会功能必须仅仅适用于此的结论。这可能是一个明显与立法理由相抵触的结论,并且完全没有尊重受保护的利益。然而,这种立法理由必须被重构,这种利益也必须被界定,从而弄清立法者错误使用的术语是指哪些情形,并对所有这些情形适用社会功能这一概念。

而后一命题只有在能够证明社会功能在我们的法律秩序中以及在所有权方面是一个普遍适用的原则,而不是一套由特定法律规范规定的特殊义务的情况下才是成立的。功能在过去常被视为一系列特殊义务[290],那些认为功能仅仅存在于特别法的明文规定中的学者仍然坚持这种观点[291]。这种观点在《意大利宪法》生效前也许是合理的,因为我们的法律制度曾缺乏作为一般构建基础的客观规范。针对那些认为可以援引《劳动宪章》第7条和第9条之规定的观点[292],反对意见指出,"这一基础并不牢固,因为这些规定并不涉及私人所有权,而涉及生产领域的经济活动"[293]。现在,面对《意大利宪法》第42条第2款的明文规定,任何疑虑都是没有道理的;可以看到,学者们是多么热衷利用社会功能的不确定性这一特点,这对于那些满足于所有权模糊定义的学者来说确实惊讶,因为他们支持所有权内容完全不寻常的扩展。为解决这一问题,也不可能利用义务性规范与命令性规范这一臭名昭著的分类。本文认为,对宪法的一般原则与法律或私法的一般原则进行区分也不是一种体面的辩护。这些区分看似严格,实际上是对解释者重构整体法秩序这一基本职责的违背[294],这是对私法最大的伤害,并使之暴露在一系列不加区分的特别干预之下,缺乏任何一般原则的支持和约束。

这意味着作为一项基本原则的社会功能,也可以在那些缺乏明确规定的所有权的情形中发挥作用。当谈论功能的直接作用时,人们认为,"相较体现所有权功能特征的所有规范而言,功能……构成了黏合剂、统一的思想、组织性的系统原则,从而消除了例外规定的限制,建立了特殊规范之间的联系,填补了法律漏洞"[295]——这当然不是在辩解。这种方案的逻辑结果是承认类推适用于所有那些具有实现社会功能内容的例外规范的可能性,因为正是由于这样一个一般原则的出现,使禁止类推适用的规则失效。[296] 通过将其固化于所有权的结构之中,功能作为一种弹性原则[297]的不确定性逐渐减少,并从一种有法律依据地考虑法律体系中存在的所有要素的重建中,获得更为精确的轮廓,进而在最特殊的情况下也能确定其可操作性。

八、当前某些需求背景下的所有权问题

上述这些作为本文研究基础的对社会功能的反思,似乎神化了社会功能的概念,并赋予它极为广泛的操作空间。考虑到限制性解释的传统,以及那些强烈的反对意见,产生这种印象似乎并非没有道理,但这并未体现我们的意图。相反,我们并未赋予社会功能对法律结构和社会现实的深刻的创新作用,我们还强调[298],这不是一种新的社会组织方式对当前需求的回应,而是当前社会体系试图赋予最传统的制度以更大作用范围的现代方法。因此,我们认为,某些认为功能与自由和个体利益相抵触的观点是没有根据的。在试图重建基本法律要素并将其纳入历史背景的过程中,任何道德主义的谴责亦偏离了我们的意图。

可怕的所有权

除了这种担忧,许多学者认为,社会功能不过是一种捍卫所有权传统结构的方式[299],是一个"传统的谎言"[300]。狄骥或黑德曼(Hedemann)所设想的改革的纯粹文本特征一直是马克思主义者抨击的对象,并被后者批评为试图以"民法的转变"这样的设想或社会功能这样的标签来掩盖私有财产的阶级特性。[301]事实上,历史似乎证明了后者的正确性。如果我们反思过去四十年的立法与理论经验,我们必然会认识到,所有权的社会功能这一表述在法学家的讨论中远比在法官和政治家的意识中更为活跃。它天真而慷慨地滋养着其所不能创造的深刻社会革新的幻想,因为它注定不能代表制度的断裂,而仅仅代表制度本体视角的改变,回过头来谈论它几乎就是在创造一个乌托邦。诡辩家和头脑不清醒的人则借助它来构建自己的观点。[302]在缺乏其他高尚理由的情况下,社会功能被那些追求保守方案的学者赋予保障他们意图的任务,而非使之成为对日常事物中追求的相反方案的阻碍。但是,如果我们仅将历史视为一系列的错误、谎言和暴力,而非一种进步的价值,那么我们就不会成为优秀的历史主义者。在我们的历史经验中,我们的意志被赋予一种可能性,即所有权的社会功能的历史可能会造成不同的结果。而正是这一点,让我们对可能的解释视角作了一些提示。

然而,这并非社会功能的唯一限制,也并非其最大限制。

存在一些人们试图通过社会功能来规制却徒劳无功的问题。例如,在大多数情况下,形式上的所有权与实质上的所有权是分离的[303],在这种情况下,规范的重点应该放在制度衔接(Konnexinstitute)上[304],而非放在所有权上;特别是在所有权与控制权分离的情况(这也是生产活动的特点)下,将法秩序的重点放在所有权上,意味着认可那些物的实际利用者无须负担社会责任。正是生产活动的现代组织方式提供了最明显的例子,说明了不可能通过社会功能来实现对所有权的有效控制,而这构成民主社会最重要的问题之一。试想,像股份公司这种工具的重要性[305],以及因其本身的广泛应用而获得的权力及其运作形式[306],我们可以发现,在反垄断、保存和披露资产负债表以及关于董事责任的法规中,存在解决这种工具所带来的问题的答案。此外,为了避免权利滥用,仅仅禁止似乎是滥用根源的权利行使的特定方式已然不够,而是需要进行制度改革。[307]本文不讨论诸如国有化等更为广泛的方案;亦不讨论经济计划——经济生活对经济计划的需求越来越大,并期待法律对其有新的规制工具。

这个新世界正在繁荣发展,在法律结构中也能发现奇妙的发展迹象,这会使人们倾向认为只有这些才是需要努力解决的议题。但通往这些议题的线索也许贯穿了古老的争论和理论误解,那么,尝试回顾这些内容至少会是一项有益的活动。

注 释

[1] 关于这一前提的假设,著例是 K. Renner, *Die Rechtsinstitute des Privatrechts und ihre soziale Funktion*, Tübingen, 1929。(本文引用是由 A. Schwarzchild 翻译的英文版本:*The Institutions of Private Law and Their Social Functions*, London, 1949)。奥托·卡恩·佛洛依德(O. Kahn-Freund)在为该书英文版所作序言(第1页)中明确指出了作者的这种思想:"他预设了所有权和合同等法律制度的稳定性和相对不变性。"另见 W. Friedmann, *Legal Theory*, London, 1953^3, pp. 252-253。对功能的一般性定义,参见本文第四部分。

[2] "结构类型本身是一种中性的工具,其可用于实现不同的目的。"参见 S. Pugliatti, *La proprietà nel nuovo diritto*, Milano, 1954, p. 300, nota 430。

[3] N. Bobbio, *Scienza del diritto e analisi del linguaggio*, in *Riv. trim. civ.*, 1950, p. 356.

[4] 对这一问题的说明,参见 T. Ascarelli, *Studi di diritto comparato e in tema di interpretazione*, Milano, 1952, pp. 55-78。

[5] C. Antoni, *Lo storicismo*, Roma, 1957, p. 21.

[6] E. Betti, *Interpretazione della legge e degli atti giuridici*, Milano, 1949, p. 23; D. Rubino, *La valutazione degli interessi nell'interpretazione della legge*, in *Foro it.*, 1949, IV, cc. 11–12; F. Dominedò, *Giurisprudenza dei valori*, in *Scritti giuridici in onore di Francesco Carnelutti*, I, Padova, 1950, p. 475; T. Ascarelli, *Studi*, cit., p. 57; S. Pugliatti, *La proprietà*, cit., p. 300, nota 430. 本文不对威廉·冯特(W. Wundt)提出的"目的异质"(Heterogenie der Zwecke)理论作深入说明(参见 J. A. Schumpeter, *Capitalismo, socialismo e democrazia*, trad. dall'inglese di E. Zuffi, Milano, 1955, p. 123)。

[7] S. Pugliatti, *La proprietà*, cit., p. 309. 普利亚蒂所提及的所有权的多义性显然与通过"所有权—法律"制度与"所有权—主观权利"之间的对比、作为自然关系的所有权与作为权利的所有权之间的对比、社会学视角下的所有权与法教义学视角下的所有权之间的对比、宪法中的所有权概念与私法中的所有权概念之间的对比而表现出的多义性完全不同。后文将探讨这些对比;正是从"所有权的概念是模糊的"这一论断出发,下述著作探讨了后两种对比:L. Enneccerus-Th. Kipp-M. Wolff, *Lehrbuch des bürgerlichen Rechts*, III (*Sachenrecht*, a cura di M. Wolff e L. Raiser), Tübingen, 1957[10], p. 170。

[8] S. Pugliatti, *Intervento*, in *Atti del III Congresso nazionale di diritto agrario*, Milano, 1954, p. 210. 另一方面,众所周知,普利亚

蒂主张"重新评估作为每种法律制度存在的理由的目的论或功能要素"(T. Martines, *Contributo ad una teoria giuridica delle forze politiche*, Milano, 1957, p. 6):对其观点的进一步说明,参见 *La giurisprudenza come scienza pratica*, in *Riv. it. scienze giur.*, 1950, pp. 63-64, 68, 71, 83;cfr. L. Caiani, *La filosofia dei giuristi italiani*, Padova, 1955, p. 73, nota 90。

[9] R. Nicolò, *Riflessioni sul tema dell'impresa e su talune esigenze di una moderna dottrina del diritto civile*, in *Riv. comm.*, 1956, I, p. 180.

[10]普利亚蒂认为,权利主体仍是"每一个法律现象的基本术语。"(*La proprietà*, cit., p. 246);cfr. Salv. Romano, *Aspetti soggettivi dei diritti sulle cose*, in *Riv. trim. civ.*, 1955, pp. 1011-1030;对这一问题的重要评论,参见 R. Orestano, *Diritti soggettivi e diritti senza soggetti*, in *Jus*, 1960, pp. 150-152。相反的观点,参见 E. Finzi, *Diritto di proprietà e disciplina della produzione*, in *Riv. priv.*, 1936, I, pp. 5-6。博拉(G. Bolla)指出,"旨在反抗占主导地位的个人主义并填补[由普拉尼奥尔(Planiol)、泰哈(Terrat)和约瑟翰(Josserand)指出的]《法国民法典》漏洞的十九世纪的特别立法,将评价与保护的对象从主体转移到客体、从抽象转移到具体上了"。(G. Bolla, *Della proprietà fondiaria agraria come situazione soggettiva e come istituzione tipica*, in *Riv. agr.*, 1952, I, p. 522)对"非自由主义的宪法具有将规范重点从权利主体转移到具有经济

价值的物的一贯趋势"的批评,参见 F. Carresi, *La proprietà terriera privata*, in *Commentario sistematico alla costituzione italiana*, diretto da P. Calamandrei e Al. Levi, I, Firenze, 1950, p. 404。下文将探讨是主体视角还是客体视角更为重要的问题(参见本文第五部分);关于这一问题,另见 W. Cesarini Sforza, *Codice civile e carta del lavoro nella definizione della proprietà*, in *Stato e diritto*, 1941, p. 103; G. Morin, *Le sens de l'évolution contemporaine du droit de propriété*, in *Le droit privé au milieu du XX siècle (Etudes offertes à Georges Ripert)*, II, Paris, 1950, p. 15。

托克维尔的反思富有见地:规范重心如此从人转移到物是荒谬的,却极少被感知到,因为这尽管令人生厌,但不再令人感到羞辱(*Oeuvres complètes*, II, *L'ancien régime et la révolution*, Paris, 1952, p. 260); cfr. R. Savatier, *Les métamorphoses économiques et sociales du droit privé d'aujourd'hui*, seconda serie, Paris, 1959, pp. 6 ss.; M. Garaud, *La révolution française et la propriété foncière*, Paris, 1959。对于这一历史问题,本文不作深入探讨,而仅强调严格使用"自由"这一术语的必要性,这一术语在有关所有权的讨论中经常被用来说明十九世纪立宪主义的特殊动机,(对这一问题的理解,参见 C. McIlwain, *Costituzionalismo antico e moderno*, trad. it. di V. de Caprariis, Venezia, 1956; G. De. Ruggiero, *Storia del liberalismo europeo*, Bari, 1959[6];对1789年思想的自由化解释,参见 S. Mellon, *The Political Uses of History*, Stanford, 1958,尤其是该书第5—30

页中关于法国大革命的自由化观点),而非在政治历史用语中那样更为广泛的含义(对此,参见 B. Croce, *Storia d'Europa nel secolo decimonono*, Bari, 1953⁸)。否则,如果仅仅考虑主体与客体的对立关系的话,1942 年的《意大利民法典》毋庸置疑应被视为"自由的",因为该法典第 832 条确定了所有权人权能的范围,并放弃了 1865 年《意大利民法典》所遵循的标准,"从客体视角转向了主体视角"(S. Pugliatti, *La proprietà*, cit., p. 125. 但普利亚蒂同时指出,这种视角的变换"并未带来任何实质性的变化";相反的观点不胜枚举,例如 C. Maiorca, *Diritto di proprietà e diritti del proprietario*, in *Studi senesi in memoria di Ottorino Vannini*, Milano, 1957, pp. 481-482。该作者认为,1865 年《意大利民法典》第 436 条"将所有权视为相较限制性法规而言的一种抽象的优先权",而 1942 年《意大利民法典》第 932 条则"确认了所有权人的权能是合法的,是'权利',存在于法律秩序确定的'限度内'")。对第 832 条来源的说明,参见 E. Betti, *Per la riforma del codice civile in materia patrimoniale (fase di elaborazione e mete da raggiungere)*, in *Rendiconti del reale Istituto lombardo di scienze e lettere*, sez. Lettere, LXXIV (1940-41), pp. 314-324; F. Vassalli, *Motivi e caratteri della codificazione civile*, in *Studi giuridici*, Ⅲ, 2, Milano, 1960, pp. 620-623(该书第 622 页的注[2]在提及贝蒂(Betti)时指出,"经常援引……法西斯主义学说的做法在这样一个学识渊博的学者身上发生实在是令人费解",因为有关所有权学说的灵感来自"那个时

代的普遍意识,并在所有国家相应的文化中讨论与贯彻")。

[11]最典型的例子是《法国民法典》,该法典当然不乏技术上的严谨性和意识形态上的一贯性,但"其所有权部分可能是最薄弱的部分"。P. Arminjon-B. Nolde-M. Wolff, *Traité de droit comparé*, I, Paris, 1950, p. 383. 对这一问题的有趣思考,参见 A. Tissier, *Le code civil et les classes ouvrières*, in *Le code civil (1804—1904)-Livre du centenaire*, I, Paris, 1904, pp. 73-94。(但这些思考的准确性是值得怀疑的,参见 G. Boehmer, *Der Einfluss des Code Civil auf die Rechtsentwicklung in Deutschland*, in *Arch. civ. Praxis*, 1950-51, pp. 292-293)有关该问题的文献汗牛充栋:例如 T. Ascarelli, *Il problema dell'adeguamento della norma giuridica al fatto economico*, in *Dir. econ.*, 1955, p. 1193。关于1942年的《意大利民法典》,有学者认为,"如果说法典化实施了一个相较技术上力所能及的方案而言更为野心勃勃的方案,那么鉴于已经发生的事实,它也会使该立法作品……成为昙花一现的存在",R. Nicolò, *Riflessioni*, cit., p. 178。

[12]参见 G. Perticone, *La proprietà e i suoi limiti* (appunti di lezioni a cura di Teglio), Roma, 1930, p. 106。

[13]现今在涉及如企业和股份公司时,对法律规定和经济状况的比较会更有成效。关于这一视角转变的原因,参见 A. A. Berle jr.-G. C. Means, *The Modern Corporation and Private Property*, New York, 1932(对这种观点的恰当的评判,参见 A. P. Sereni, *Stu-*

di di diritto comparato, I, *Diritto degli Stati Uniti*, Milano, 1956, pp. 173-183；另见 J. Dewey, *Individualismo vecchio e nuovo*, trad. it. di F. Villani, Firenze, 1948, p. 45; L. Mengoni, *Recenti mutamenti nella struttura e nella gerarchia dell'impresa*, in *Riv. soc.*, 1958, pp. 706-707, nota 43）。在美国,关于现代公司的神话的文献,参见 W. Friedmann, *Law in a Changing Society*, London, 1959, pp. 303-305,及该作者引用的参考文献。

[14]丰富的文献资料(尽管是从完全不同的角度展开的),参见 A. V. Dicey, *Law and Public Opinion in England*, London, 1952²; W. Friedmann, *Law and Social Change in Contemporary Britain*, London, 1951; id., *Law in a Changing Society*, cit.; V. Morris, *Law and Public Opinion*, Birmingham, 1958; 由 M. Ginsberg 主编的文丛 *Law and Opinion in England in 20th Century*（收录于该文丛的 O. Kahn-Freund 的 *Labor Law*, pp. 220-227 肯定了"舆论"这一术语的价值）。否定性的观点(舆论……本质上是一股保守的力量),参见 G. Ripert, *Les forces créatrices du droit*, Paris, 1955, p. 97：我们面临理解公众舆论的不同方式以及社会制度的深刻多样性所带来的思考；另见 F. Geny, *Méthode d'interpretation et sources en droit privé positif*, Ⅱ, Paris, 1954², pp. 81-82; W. Lippman, *La filosofia pubblica*, trad. it. di U. Segre, Milano, 1956, p. 21("公众舆论在本世纪获得了越来越强大的力量。事实证明,在攸关生死的情况下,这是一股危险的力量")。一般性的说明,参见 P. Facchi,

Intorno al significato di "opinione pubblica", ne *Il Mulino*, 1959, n. 88, pp. 278-289(以及该文所引用的参考文献)。

另一方面,本文提及的沟通,并非存在于每位公民对法律文本的直接理解之中(这是《法国民法典》起草过程中启蒙主义的前见)。实际上,"英国法是世界上最专业的法律体系"(F. Lawson, *The Rational Strength of English Law*, London, 1951, p. 35)。这并非仅仅是专业用语问题(因审议《德国民法典》草案而引起的关于立法技术与语言的讨论,参见 G. Boehmer, *Einführung in das bürgerliche Recht*, Tübingen, 1954, pp. 73-76; cfr. J. W. Hedemann, *Wesen und Wandel der Gesetzgebungstechnik*, in *Festschrift zum 70. Geburtstag von Walter Schmidt-Rimpler*, Karlsruhe, 1957, pp. 31-34。概括性的说明,参见 F. Wieacker, *Privatrechtsgeschichte der Neuzeit*, Göttingen, 1952, pp. 287-289,及其引用的参考文献),而是更为复杂的立法技术与解释的问题:关于成文法国家立法成果与普通法国家立法成果的比较,参见 A. P. Sereni, *Studi*, cit., pp. 36-64; cfr. T. Ascarelli, *Studi*, cit., pp. 165-204。

[15] F. Vassalli, *Della legislazione di guerra e dei nuovi confini del diritto privato* (Prolusione al corso di istituzioni di diritto civile, letta nell'Università di Genova il 23 novembre 1918), in *Studi*, cit., II, p. 359. 因此,这是一个"更谦逊地实施存在于现有社会现实中的意志"的问题,参见 J. Dewey, *Individualismo*, cit., p. 55。

[16] 对这一问题更深刻的研究,参见 T. Ascarelli, *Problemi*

giuridici, I, Milano, 1959。后文对此也有说明。

[17]T. Ascarelli, *Per uno studio della realtà giuridica effettuale*, in *Dir. econ.*, 1956, p. 776. R. Nicolò(R.尼科洛)强调了这一概念,参见 R. Nicolò, *Riflessioni*, cit., p. 178。"在大多数情况下,我们私法领域的基本立法改革主要是技术性问题,它有时使用从其他国家引进的、部分由我们的学说自主阐释的有趣的结构,有时(或许更多的时候)则是利用判例和最高法院提出的有力准则,因此,新的法典往往构成一种包含众多解决方案的文件,或者构成对仍悬而未决的不同解决方案的调和,这使法典带有轻微的教科书的印记,我们的一些权威学者(Ascarelli)已经正确地指出了这一点。"另见前注[11]。

[18] P. Calamandrei, *La relatività del concetto di azione*, in *Scritti giuridici in onore di Santi Romano*, IV, Padova, 1940, p. 82.

[19]E. Finzi, *Le moderne trasformazioni del diritto di proprietà*, in *Arch. giur.*, 1923, p. 61; S. Pugliatti, *La proprietà*, cit., p. 275,批判了 Finzi 的观点。

[20]对这一问题的全面说明,参见 B. Paradisi, *I nuovi orizzonti della storia giuridica*, in *Riv. it. scienza giur.*, 1952-1953, pp. 134-207。该文揭示了历史与法史之间联系的断裂。另一方面,本文中提出的缺陷可以追溯至更一般的方法论上的误解;cfr. T. Ascarelli, *Studi*, cit., pp. XXIV-XXV。需要提及的是,在1956年,斯特拉斯堡举办的研讨会上发表了有趣的文章,这些文章后

被收录于 *Méthode sociologique et droit*, Paris, 1958(一些意大利学者发表的论文也单独收录在意大利的期刊上;本文将尽量引用这些文章)。

[21]传统的力量及某种保守的印记是每种法律体系的特征。然而本文所指是传统要素已经成为法学家的唯一指南的情形。

[22]由于缺乏对意大利法律思想史的详细研究,我们的讨论较为粗略。另外,注重普遍存在的特征并不意味着否认例外情形的存在及其重要性。(参见注[24]和[26])

[23]参见 De Caprariis, *Vecchia e nuova sociologia in Italia*, in *Nord e Sud*, n. 47, 1958, p. 58。实质上相似的论断,参见 V. A. Rapport-S. C. Cappannari-L. W. Moss, *Sociology in Italy*, in *Amer. Sociol. Rev.*, 1957, pp. 41-47。另见 N. Bobbio, *La filosofia del diritto in Italia*, in *Jus*, 1957, pp. 191-192。关于社会科学研究仅能在自由国家深耕的观点,参见 B. Mirkine-Guetzévitch, *Le costituzioni europee*, trad. it. di S. Cotta, Milano, 1954, pp. 4-5。

[24]P. Calamandrei, *La certezza del diritto e le responsabilità della dottrina*, in *Riv. comm.*, 1942, I, p. 349. "这些可以参与娱乐活动的文人,那些可以永远游手好闲并以超然的好奇心观察劳动者的幸福人类,是不能成为法学家的。人们可以忍受'纯粹的文人',因为他们终究只是无害的讨厌鬼;但不顾现实又想讨论法律的'纯粹的法学家'是令人憎恶的,他们的这些幻想恰恰有毁坏他们所讨论的法律之虞。"

［25］E. Betti, *Il quarto libro del progetto del codice civile italiano*, in *Riv. comm.*, 1938, I, pp. 563-568; M. S. Giannini, *Lezioni di diritto amministrativo*, I, Milano, 1950, p. 81; H. Welzel, *La posizione dogmatica della dottrina finalistica dell'azione*, in *Riv. it. dir. proc. pen.*, n. s. 1951, pp. 1-2.

［26］S. Pugliatti, *La giurisprudenza*, cit., pp. 50-51:"在那些试图对法律和政治结构进行彻底改造的国家,以及在那些为了实现这种雄心勃勃的计划而拒绝和阻挠自由批评的国家,法学呈现两种相反的立场:一种立场是构建非理性且无节制的、空洞而单调的辩护,这种辩护将政治领袖的话语转化为不同的术语;另一种立场则是构建一个与精心设计的至少在表面上能够容纳任何内容的系统相联系的罕见概念形式图像。第二种立场(也是唯一值得考虑的立场)使法学家们得以设置一个形式上的障碍,以抵制另一种立场的狂热支持者的反复入侵;同时,在应用会导致停滞和脱轨的新原则与新规则方面,这种立场成为一种约束和制动,这在一定程度上能够遏制冲动,防止极端行为被执行。并不荒谬的是,持这种立场的法学家承担并成功完成的第一项任务,就其最终结果而言,比第二项任务更为重要,因为第一项任务是法学的自卫,而第二项任务只是对偶然立法的反应。在一个声称是革命性的政权结构坍塌后,或者说是其政治法律支柱倒塌后……这些学者在多年后几乎每天都在进行这种蚂蚁般的工作,而其他人,即使是出于善意,也不忘谴责系统法学的喋喋不

休,或者在没有意识到危险的情况下,成为更为自由的思潮的拥护者,而这似乎适合作为所有自称具有革命性的成果的标志。" Cfr. L. Caiani, *La filosofia*, cit., pp. 64-65, 74-77;法西斯主义对意大利法学影响有限的判断,参见 A. P. Sereni, *The Italian Conception of International Law*, New York, 1943, pp. 273-277。

[27] M. S. Giannini, *Sociologia e studi di diritto contemporaneo*, in *Jus*, 1957, p. 223.

[28] A. Rocco, *La scienza del diritto privato in Italia negli ultimi cinquant'anni*, in *Riv. comm.*, 1911, I, pp. 288-292; F. Ferrara, *Un secolo di vita del diritto civile (1839-1939)*, in *Scritti giuridici*, III, Milano, 1954, pp. 277-279. 关于由菲利普·塞拉菲尼(F. Serafini)主导的推广工作,参见 F. Serafini, *Il direttore dell'Archivio giuridico ai suoi lettori*, in *Arch. giur.*, 1897, pp. 522-526;另见简图尔科(Gianturco)于1897年5月25日在参议院纪念大会上的发言(*Arch. giur.*, cit., p. 519);同期杂志上还刊登了纪念该杂志主编的文章(*Arch. giur.*, pp. 507-510)。另见 L. Landucci, *Filippo Serafini*, in *Arch. giur.*, 1921, pp. 9-32; Id., *Filippo Serafini, ibidem*, 1931, pp. 121-130。

[29] 参见 W. Bigiavi, *La delegazione*, Padova, 1949, p. XIV。

[30] C. Longo, *Estratti di riviste*, in *Riv. civ.*, 1919, p. 420.

[31] F. Vassalli, *Della legislazione di guerra*, cit.

[32] *Ibidem*, p. 431.

[33]全面且合理的概述,参见 P. Cogliolo, *La legislazione di guerra nel diritto civile e commerciale*, Torino, 1917^2。研究这一问题的文章有:F. Ferrara sr., *Diritto di guerra e diritto di pace*, in *Riv. comm.*, 1918, I, pp. 682-714(特别是对该立法的一般特点和影响的评估,pp. 682-688);G. Faggella, *La legislazione bellica in relazione al diritto pubblico preesistente ed alle future riforme*, in *Riv. pubbl.*, 1918, pp. 345-396; V. Scialoja, *I problemi dello Stato italiano dopo la guerra*, Bologna, 1918(该书强烈批判了这一问题);M. Ricca-Barberis, *Il carattere sociale della legislazione civile di guerra e del dopoguerra*, Torino, 1926. Cfr. L. Duguit, *Les transformations générales du droit privé depuis le code Napoléon*, Paris, 1920^2, p. VI; S. Pugliatti, *Gli istituti del diritto civile*, I, Milano, 1943, p. 40; Id., *La proprietà*, cit., pp. 54, 64-65, 68.

[34]在此仅需提及《魏玛宪法》第 153 条;英国 1925 年《财产改革法案》;狄骥为上文引用的 *Les trasformations* 一书所作的序言;黑德曼(J. W. Hedermann)的著作,尤其是 *Das bürgeliche Recht und die neue Zeit*, Jena, 1919:从我们所提及的这些文献可以看出,这场思想运动,无论是在学说上还是在立法上,其成果在意大利境外要丰富得多。许多学者都尝试解释这场运动,但均不尽如人意;一种最常见的解释是建立在反对个人主义之上的,参见 M. Waline, *L'individualisme et le droit*, Paris, 1949^2, p. 7 e *passim.* 顺便一提,需要注意的是,这种解释往往是以不能令人满意的方式阐

述的,因为它在特定方面与反对形式主义有关,而美国社会的情况便是如此(一般性的说明,参见 M. White, *La rivolta contro il formalismo*, trad. it. di A. Prandi, Bologna, 1956; G. Bognetti, *Il pensiero filosofico giuridico nord americano del XX secolo*, Milano, 1958, pp. 12-15);关于最后这一点,参见 R. Treves, *Intorno alla concezione del diritto di Hans Kelsen*, in *Riv. int. fil. dir.*, 1952, p. 182。这些简短的参考资料未提及苏联的革命,原因是这场革命在法律领域的影响远远超出了该运动的范围。后文对此有说明。

[35]Cfr. F. Degni, *I limiti del diritto di proprietà*, in *Il Filangieri*, 1901, pp. 721-743, 816-839.恰恰是这种研究会被最先抛弃,一方面是因为对现实的考量会更为仔细,另一方面是因为教义学方面的考量会带来更加严格的标准。

[36]参见 E. Rignano, *Per una riforma socialista del diritto successorio*, Bologna, 1920(对该作者思想的进一步说明,参见 *Di un socialismo in accordo colla dottrina liberale*, Torino, 1901)。值得注意的是,1926 年 1 月 15 日,帕尔马德(Palmade)等众议员曾向法国议会提交了一份与里尼亚诺(Rignano)的提议相似的议案(J. Auburtin, *L'Etat héritier*, Paris, 1929);cfr. M. Marmo, *Lo Stato erede*, Aversa, 1938, pp. 73-96。

实际上,里尼亚诺在著作中提出的限制正是十九世纪下半叶所有法学家提出的限制,"与其说他们与社会主义运动的第一手知识有关,不如说与一般的、通常未被融贯的唯社会学主义(sociologismo)有关,其中自然不乏进化论的调味料"。(A. Aquarone, *L'unificazione legislativa e i codici del 1865*, Milano, 1960, p. 55. 该书作者指出,此处他们的表述"始终是含糊的,甚至是混乱的,没有达到一个具体的立法改革在体系上的深思熟虑和精确构建的程度,而是停留在抽象的论战和尖锐的指责之上";该书第49—60页列举了丰富的参考文献)。社会主义的论战是以精确的意识形态选择为动机,以方法论的论战为中心,并最终是由哲学家而非法学家进行的,尽管它仍是一场法律论战(cfr. L. Raggi, *Materialismo storico e studio del diritto romano*, in *Riv. it. scienze giur.*, 1955-56, pp. 571-572),意大利社会主义法学的特点是"稚嫩且无法用法律术语表达"[T. Ascarelli, *Problemi*, cit., II, p. 985; S. Panunzio, *Il socialismo giuridico*, Genova, 1907; B. Paradisi, *I nuovi orizzonti*, cit., p. 188; R. Saleilles, *Le code civil et la méthode historique*, in *Le code civil (1894-1904). Livre du centenaire*, cit., I, p. 113, nota 2]。仔细观察不难发现,这种错误不仅仅存在于法学家之中,还存在于整个文化领域;尖锐的判断,参见 E. Garin, *Cronache di filosofia italiana (1900-1943)*, Bari, 1955, p. 8。"这是……意大利实证主义者的奇怪命运,他们高声赞美科学,对于科学而言他们都是谦虚的听众,他们与那些完全缺乏严肃哲学训练的科学家会晤,从而促使科学与哲学完全分离,尽管他们并非有意如此,而这种分离有损于我们的文化。真正的罪魁祸首,并不是某些愚昧者反复指责的那些理想主义者,而是那些毫无准备的实证主义者,他们的泛泛而谈引起了最谨慎的科学家的不信任和最精明的哲学家的批评。"

[37] A. C. Jemolo, *Intervento*, in *Atti del III Congresso nazionale di diritto agrario*, cit., p. 230.

[38] T. Mann, *La montagna incantata*, trad. it. di B. Giacchetti-Sorteni, Milano, 1955, p. 5.

[39] A. de Tocqueville, *Souvenirs*, Paris[12], 1942, p. 32.

[40] G. Motzo-A. Piras, *Espropriazione e "pubblica utilità"*, in *Giur. costituz.*, 1959, pp. 151-224.

[41] 参见 A. Ventura, *Interessi legittimi, diritto privato, diritto agrario*, in *Riv. agr.*, 1959, I, p. 262 note 220-221; U. Cerroni, *Sulla storicità della distinzione tra diritto privato e diritto pubblico*, in *Riv. int. fil. dir.*, 1960, pp. 335-367; B. Paradisi, *I nuovi orizzonti*, cit., p. 186。"当被认为是私法专属的识别基础的个体被个体的多元性、被企业取代时,私法与公法的区别就不再明显。"

[42] T. Ascarelli, *Problemi*, cit., I, pp. 58-61, 127-130; R. Nicolò, *Riflessioni*, cit., p. 195; U. Natoli, *Limiti costituzionali dell'autonomia privata nel rapporto di lavoro*, I, Milano, 1955, pp. 87-89.

[43] 下列作品对于法律概念的讨论极具启发性:S. Pugliatti, *Logica e dato positivo in rapporto ad alcuni fenomeni giuridici anomali*, in *Arch. giur.*, 1935, pp. 158-169; Id., *La logica e i concetti giuridici*, in *Riv. comm.*, 1941, I, pp. 197-214; Id., *Diritto civile-Metodo*,

teoria, pratica (Saggi), Milano, 1951, pp. 218-224; A. C. Jemolo, *I concetti giuridici*, in Atti della Regia Accademia delle scienze di Torino, 75 (1939-40), pp. 246-264; Id., *Ancora sui concetti giuridici*, in Riv. comm., 1945, I, pp. 130-160; W. Cesarini Sforza, *Fatto e diritto*, in Boll. ist. fil dir., 1941, pp. 153-155; Id., *Sulla relatività dei concetti giuridici*, in Riv. int. fil. dir., 1959, pp. 1 - 7; G. Gorla, *L'interpretazione del diritto*, Milano, 1941, pp. 58-59, 138-141; G. Pugliese, *Diritto romano e scienza del diritto*, in Annali Università Macerata, 1941, pp. 29-39; G. Calogero, *La natura dei concetti giuridici*, in Riv. comm., 1945, I, pp. 112-129; R. Orestano, *Diritto romano, tradizione romanistica e studio del diritto*, in Riv. it. scienze giur., 1950, pp. 186-192; T. Ascarelli, *Studi*, cit., pp. XXV-XXXIX, nota 19; Id., *Problemi*, cit., I, pp. 79-80, nota 10.

　　本文不深入讨论该问题,这一问题也点明了许多专业术语未被准确使用以及许多含义未被澄清的原因。例如,当人们谈及实际效力的可能性时,显然会从法律概念的实践性特征着手;但这并未解决一个进一步的问题,即探讨形而下的概念是否合适(A. Pekelis, *Il diritto come volontà costante*, Padova, 1930; S. Pugliatti, *La giurisprudenza*, cit., pp. 49-86)。

　　[44]当然,正如后文的论述所表明的那样,问题仍然在于不同的所有权是否可以追溯到同一源头。

　　[45]参见本文第一部分末尾。

[46]对这一现象在美国的表现的分析,参见 A. A. Berle jr.-G. C. Means, *The Modern Corporation*, cit., 尤其是该书第 347 页指出了消极财产与积极财产的区别;以及该作者的其他著作,例如 *La rivoluzione capitalistica del XX secolo*, trad. it., Milano, 1956 以及 *Power without Property*, New York, 1956(然而,这会重申对作为其根基的意识形态的保留意见;见前注[13])。另见 G. A. Brioschi, *Cenni storici e sociologici sulle società commerciali, preliminari a un riesame del loro regolamento giuridico*, in *Atti del primo Convegno nazionale di studi giuridico-comparativi*, Roma, 1953, pp. 174-179; J. Galbraith, *Il capitalismo americano*, trad. it., Milano, 1955, pp. 44-49; T. Ascarelli, *Proprietà e controllo della ricchezza*, in *Riv. trim. civ.*, 1950, pp. 753-759; L. Loss, *La funzione dello Stato nella protezione degli investitori*, in *Riv. soc.*, 1958, pp. 101-102,该文列举了一些有趣的实例。所有权与控制权的分离使拥有所有权的资本家转变为简单的货币资本家,对此,参见 C. Marx, *Il capitale. Critica dell'economia politica*, libro III, vol. I, trad. it. di M. L. Boggeri, Roma, 1954, pp. 392-393。另见本文第八部分及注[302]。

[47]对这一概念的界定,参见 U. Natoli, *Note preliminari ad una teoria dell'abuso del diritto nell'ordinamento giuridico italiano*, in *Riv. trim. civ.*, 1958, pp. 18-37; Salv. Romano, voce *Abuso del diritto*, in *Enciclopedia del diritto*, I, Milano, 1958, pp. 166-170,以及上述文章所引用的参考文献。

可怕的所有权

[48]将1855年科尔马法院的著名判决中的推理与现今的说理进行简单比较,就能看出视角的变化。另一方面,主观意愿与损害的发生并非仅仅是权利滥用的特征,只要想想民事责任就够了(cfr. L. Husson, *Les trasformations de la responsabilité*, Paris, 1947; *Problemi dell'assicurazione obbligatoria dei veicoli a motore*, in *Rass. parlam.*, 1959, n. 7, p. 152)。

[49] Cfr. G. Ripert, *Le régime démocratique et le droit civil moderne*, Paris, 1948², pp. 213-214. 不过该作者认为,社会性方面的逐渐扩张是一种偏离现象。关于通过制裁权利滥用行为来强化所有权,参见 G. Ripert, *Les forces*, cit., p. 233。

[50]我们将会在后文再次讨论这一问题。关于这一问题,另见 L. Duguit, *Les transformations*, cit.; L. Barassi, *Proprietà e comproprietà*, Milano, 1951, pp. 257-272 e *passim* (普利亚蒂引用了该作者的观点,参见 S. Pugliatti, *La proprietà*, cit., p. 218)。

[51] *Problemi*, cit., p. 155 e nota 49; cfr. L. Barassi, *Il diritto di proprietà e la funzione sociale*, in *La concezione fascista della proprietà privata*, Roma, 1939, p. 199.

[52] G. Miele, *Esperienze e prospettive giuridiche della pianificazione*, in *Justitia*, 1955, p. 271.

[53] M. Mazziotti, *Il diritto al lavoro*, Milano, 1956, p. 154, nota 13.

[54] L. Einaudi, *Intervento*, in *Atti Ass. costituente*, pp.

3778, 3983.

［55］G. Minervini, *Contro la "funzionalizzazione" dell'impresa privata,* in *Riv. civ.,* 1958, I, p. 622. 然而，值得注意的是，即使是在那些否定在一般层面上采纳社会效用这一概念的可能性的学者中，也不乏有人认为在所有权方面用来确定社会效用的方式是正确的（C. Mortati, *Il diritto al lavoro secondo la costituzione della Repubblica,* in *Atti della Commissione parlamentare d'inchiesta sulla disoccupazione,* IV, 1, Roma, 1953, pp. 79-140）：尽管他们拒绝将其拓展至所有权之外的其他情形（cfr. G. Minervini, *loc. cit.*; V. Spagnuolo Vigorita, *L'iniziativa economica privata nel diritto pubblico,* Napoli, 1959, p. 245, nota 97）。积极肯定该概念的论述（尽管并不令人满意），参见 R. Del Giudice, *Aspetti sociali dei nuovi codici,* in *Stato e diritto,* 1943, pp. 3-4；另见 V. Gueli, *Libertà e socialità nella Carta costituzionale,* in *Scritti giuridici in memoria di V. E. Orlando,* II, Padova, 1957, p. 19。

［56］G. Longo, *Corso di diritto romano,* Roma, 1935, p. 108.

［57］E. Betti, *Teoria generale del negozio giuridico,* Torino, 1952^2, p. 50, nota 14.

［58］C. De Marini, *Il giudizio di equità nel processo civile,* Padova, 1958, p. 15.

［59］O. Morgestern, *Economics and Theory of Games,* in *Kyklos,* 1949, p. 15.

[60] G. Di Nardi, *Intervento* al Convegno su *La pianificazione economica e i diritti della persona umana*, in *Justitia*, 1955, p. 254.

[61] F. Caffè, voce *Benessere (Economia del)*, in *Dizionario di economia politica* (a cura di Napoleoni), Milano, 1956, p. 65. 该文补充道:"似乎很重要的是,福利经济学指出了多种情况,这些情况的发生并未允许通过对'自然力量的自发作用'来实现对现有资源的最佳利用;其表明,对生产资料的合理利用并不必然与基于资本主义的社会组织有关……同样重要的是,它反驳了可以仅仅根据生产效率的差异来评估两种可供选择的政策措施或两种经济组织形式的相对优势。"这是一个极为复杂的问题,因此无法穷尽列举相关参考文献;极具启发性的评论,参见 J. A. Schumpeter, *History of Economic Analysis*, New York, 1954, p. 1054。

[62] "在任何时代,对国家干预是否对集体有利的评估都被委托给那些最能体现国家意志的机构来完成,而不考虑这一评估可否在科学层面上予以完成。"参见 C. Mortati, *Il diritto al lavoro*, cit., pp. 96-97; T. Ascarelli, *Problemi*, cit., I, p. 63。关于许多宪法条款的弹性及其中与法律无关的概念,参见 M. S. Giannini, *Rilevanza costituzionale del lavoro*, in *Riv. giur. lav.*, 1949, I, pp. 4-5。另见后文注[110]。

[63] "可以说,这一包含最少含义的定语"似乎是唯一的可能,"因为缺乏必要的判断要素"来表明更明确的含义,参见 V. Spagnuolo Vigorita, *L'iniziativa*, cit., pp. 62-63,该作者明确肯定

"有必要……从对前提的拒绝,更确切地说,从重新评价认为社会利益和一般福利是不可知的观点开始,将其视为绝对不确定和不能确定的'空白'概念"(p. 244),但随后似乎又自相矛盾,回到了一般性概念上(p. 255)。

最近,有一项专门针对公共福利概念的研究,这项研究仅限于对个人主义和非个人主义构成要件的分析,没有对具体的法律情况进行深入研究(V. Bolgàr, *The Concept of Public Welfare*, in *Amer. Journ. Comp. Law*, 1959, pp. 44-71)。这一概念的本质——在所有社会的公共福利概念中,是最古老且最难把握的概念之一(p. 44)——在于个人对社会的义务。可以确认的是,公共福利的法律定义是:……在某一特定的社会中,私权范畴可以接受法律规制的程度,以及该权利被侵犯时法律所能给予的保护的程度(p. 47)。历史哲学视角不仅没有赋予研究更大的渗透能力,反而使术语更为模糊。实际上,这只是对一些一般含义的澄清:概念的法律定义只能是对一个或多个法律体系进行分析的结果,只有这样才能赋予它应有的具体历史面貌。对公共福利(Wohl der Allgemeinheit)概念的讨论,参见 H. R. Külz, *Das "Wohl der Allgemeinheit" im Wasserhaushaltgesetz*, in *Festschrift für Paul Gieseke*, Karlsruhe, 1958, pp. 187-224,该文基于宪法和现行法秩序展开了细致的分析。

[64]本文在此不讨论该问题,因为当强调个人行为的经济方面(从经济体系中运作力量的自发行动的角度看)是否足以实现

法律文本中提及的社会利益时,可以合理探讨这一问题。

［65］U. Coli, *La proprietà e l'iniziativa economica*, in *Comm. sistematico alla costituzione*, cit., I, p. 363.

［66］"这一来自……普利斯特里(Priestley)的原则,在大众记忆中与边沁的名字联系最为紧密";A. V. Dicey, *Law and Public Opinion*, cit., p. 136; J. A. Schumpeter, *History*, cit., pp. 1054-55.

［67］U. Coli, *La proprietà*, cit., pp. 363-364. Cfr. G. Gonella, *La nozione di bene comune*, Milano, 1938; B. Donati, *Che cos'è giustizia sociale*, in *Arch. giur.*, 1947, pp. 3-23; V. Spagnuolo Vigorita, *L'iniziativa*, cit., pp. 196-197, nota 14; C. Du Pasquier, *La notion de justice sociale et son influence sur le droit suisse*, in *Hundert Jahre Schweizerisches Recht*, Basel, 1952, pp. 69-97. 另见后文注［128］。

［68］M. Mazziotti, *Il diritto al lavoro*, cit., p. 154, nota 13.

［69］更详细的说明,参见 E. Cheli, *Libertà e limiti dell'iniziativa economica privata nella giurisprudenza della Corte costituzionale e nella dottrina*, in *Rass. pubbl.*, 1960, I, pp. 275-278, 283-294. Cfr. U. Pototschnig, *I pubblici servizi*, Padova, 1959, pp. 112-125 (e passim),该文通过拒绝基于内容研究而确定社会目的,表明了目的本身的中心位置,但这并没有解决问题,而仅仅转移了问题。

［70］U. Natoli, *Limiti*, cit.

［71］*Ibidem*, p. 90.

［72］*Ibidem*, p. 91.

[73] F. Santoro Passarelli, *Autonomia collettiva, giurisdizione, diritto di sciopero*, in *Scritti giuridici in onore di Francesco Carnelutti*, IV, Padova, 1950, pp. 439-440（该文明确引用了 U. Natoli, *loc. cit.*）；（团体自治视角下）集体利益的概念，参见 F. Carnelutti, *Certezza, autonomia, libertà, diritto*, in *Dir. econ.*, 1956, p. 1189。阶级斗争视角下集体利益的概念，参见 F. Messineo, *Manuale di diritto civile e commerciale*, II, 1, Milano 1950[8], p. 231; U. Pototschnig, *I pubblici servizi*, cit., pp. 116, 176, e 181-184。

许多天主教思想家已经再次参考宪法承认的中间团体，来重新研究天主教社会学中旧的议题；无须说明激发对旧议题的思考这种捍卫人的利益的特殊方式；本文也不再讨论该问题，即使这一问题令人困惑。当然，不乏有人尝试回答这一问题，其中最权威的是 P. Rescigno, *Le società intermedia*, in *Il Mulino*, 1958, pp. 3-34（这篇文章也被刊登在其他地方。本文更愿意参考此处刊登的文章，因为只有它包含了大量可以在多方面解释作者思想的参考文献）；cfr. F. Santoro Passarelli, *L'autonomia dei privati nel diritto dell'economia*, in *Dir. econ.*, 1956, p. 1220; *Persona, società intermedie e Stato* (Atti dell'VIII Convegno dell'Unione giuristi cattolici italiani), Roma, 1958。

[74] T. De Mauro, *Storia e analisi semantica di classe*, in *Rass. filos.*, 1958, pp. 309-351.

[75] V. Crisafulli, *La costituzione e le sue disposizioni di prin-*

cipio, Milano, 1952, p. 31. 实际上,《意大利宪法》第 1 条的表述("建立在劳动基础上")没有阶级斗争的含义。巴索(Basso)和阿门多拉(Amendola)代表社会主义和共产主义团体,提出了"意大利是劳动者的民主共和国"的表述,从而排除了阶级斗争的解释。帕恰尔迪(Pacciardi)和布鲁尼(Bruni)也投票支持这种表述。格隆齐(Gronchi)则代表天主教民主党投反对票,指出"劳动者"一词具有阶级斗争的含义,因此一些议员认为有必要做出不同的解释(cfr. V. Falzone-F. Palermo-F. Cosentino, *La costituzione della Repubblica italiana*, Roma, 1954², pp. 25-26)。

[76]对妥协性特征的敏锐观察,参见 M. S. Giannini, *Profili costituzionali della protezione sociale delle categorie lavoratrici*, in *Riv. giur. lav.*, 1953, p. 6,该文指出,宪法似乎是"不同社会阶层之间的协定,其中某些阶层捍卫自己的某些权利以及某些会影响他们利益的制度;其他阶层则捍卫其他权利或某些行使公权力的障碍"。实际上,妥协是民主制度的特征(H. Kelsen, *Teoria generale del diritto e dello Stato*, trad. it. di S. Cotta e R. Treves, Milano, 1954², p. 293),而不能被视为这样或那样的立法事实的标志性价值,但这并不影响它对宪法文本的特殊和重要价值。想想围绕《魏玛宪法》最重要的规范展开的论战,其中纽曼(Neumann)认为该宪法体现的是社会主义思想,汉森(Hensel)认为体现的是自由主义思想,而施密特(Schmitt)则认为体现的是如家庭和财产制度的反布尔什维克价值(cfr. C. Mortati, *Introduzione a La costituzione*

di Weimar, Firenze, 1946, pp. 67-68; F. Hartung, *Deutsche Verfassungsgeschichte*, Stuttgart, 1954⁶, pp. 315-343）。

[77] C. Lavagna, *Basi per uno studio delle figure giuridiche soggettive contenute nella costituzione italiana*, in *Studi economico-giuridici dell'Ist. di sc. giur., econ. e pol. dell'Università di Cagliari*, 1952-53, pp. 24-25.

[78] *Ibidem*, p. 25.

[79] P. Barile, *Il soggetto privato nella costituzione italiana*, Padova, 1953, p. 140. 后文将会讨论这一问题。对"一般"利益与"公共"利益的区分，参见 H. R. Külz, *Das "Wohl der Allgemeinheit"*, cit., pp. 196-199。

[80] G. Gurvitch, *La dichiarazione dei diritti sociali*, trad. it. di B. Foà, Milano, 1949, pp. 96-101; M. F. Rauh, *Propriété individuelle et propriété solidaire*, in *Essai d'une philosophie de la solidarité*, Paris, 1902, pp. 163-181.

[81] G. Motzo-A. Piras, *Espropriazione*, cit., pp. 186-187 e 190, nota 72; S. Pugliatti, *La proprietà*, cit., p. 281；另见前文已经引用的莫塔蒂（Mortati）、米内尔维尼（Minervini）和莫齐奥蒂（Mazziotti）的观点。

[82] 参见前文。未区分社会资格的不同含义的观点，参见 U. Pototschnig, *I pubblici servizi*, cit., pp. 120-125。

[83] V. Spagnuolo Vigorita, *L'iniziativa*, cit., pp. 242-250.

[84] Cfr. C. Mortati, *La costituzione e la proprietà terriera*, in *Atti del III Congresso nazionale di diritto agrario*, cit., pp. 266-267; G. Motzo-A. Piras, *Espropriazione*, cit., p. 208. 另见本文第四部分及注[156]—[162]。

[85] V. Spagnuolo Vigorita, *L'iniziativa*, cit., p. 248.

[86] V. Spagnuolo Vigorita, *L'iniziativa*, cit., p. 216. 相反的观点,参见 C. Mortati, *Istituzioni di diritto pubblico*, Padova, 1960⁵, p. 815,该作者认为这是正常的(关于这一点,另见 V. Spagnuolo Vigorita, *op. cit.*, p. 217, nota 47)。

[87] C. Esposito, *La costituzione italiana-Saggi*, Padova, 1954, pp. 182-183; G. Motzo-A. Piras, *Espropriazione*, cit., p. 180.

[88] U. Natoli, *Limiti*, cit., p. 104; V. Spagnuolo Vigorita, *L'iniziativa*, cit., p. 217.

[89] G. Motzo-A. Piras, *Espropriazione*, cit., p. 208 e nota 113.

[90] R. Nicolò, *Riflessioni*, cit., p. 189.

[91] G. Motzo-A. Piras, *Espropriazione*, cit., p. 222.

[92] 具体的适用,参见 *ibidem*, p. 222。

[93] 参见后文。《欧洲人权公约》使用了本文在讨论时所用的措辞。(参见后注[159])

[94] U. Natoli, *Limiti*, cit., pp. 90-91; V. Spagnuolo Vigorita, *L'iniziativa*, cit., p. 249, nota 104.

[95] F. Santoro Passarelli, *Autonomia collettiva*, cit., p. 442.

[96]参见后文。有学者在重申社会效用这一概念的相对性时指出,这必须理解为"应将可能的情形之一(满足社会效用)的适宜性同另一种情形进行比较"(S. Fois, "*Riserva originaria*" e "*riserva di legge*" nei "*principi economici*" *della costituzione*, in *Giur. costituz.*, 1960, p. 479)。

[97]C. Mortati, *il diritto al lavoro*, cit.

[98]参见前注[81];V. Spagnuolo Vigorita, *L'iniziativa*, p. 249, nota 97。

[99]M. Mazziotti, *Il diritto al lavoro*, p. 154, nota 13.

[100]参见前文。

[101]参见前注[55]。

[102]Cfr. U. Natoli, *Limiti*, cit., p. 90; V. Spagnuolo Vigorita, *L'iniziativa*, p. 249, nota 104.

[103]关于私人企业的功能化问题,参见 V. Spagnuolo Vigorita, *L'iniziativa*, p. 253-255,及该部分引用的参考文献。

[104]对这一问题的阐述,参见 H. Kelsen, *Teoria*, cit., pp. 156-161;关于立法者的"意志",参见 V. Scialoja, *Studi giuridici*, III, 1, Roma, 1932, pp. 37-45; E. Betti, *Interpretazione*, cit., p. 208;关于公权力行为的客观限制,参见 G. Motzo-A. Piras, *Espropriazione*, cit., pp. 209-212; V. Spagnuolo Vigorita, *L'iniziativa*, p. 306; S. Fois, "*Riserva originaria*", cit., pp. 483-484。

[105]相关判决,参见 C. Mortati, *Istituzioni*, cit., p. 818, nota 2;

E. Cheli, *Libertà e limiti*, cit., pp. 263-271, 278-279。关于限制性的解释,参见 L. Paladin, *Giurisprudenza costituzionale di rilievo privatistico*, in *Riv. trim. civ.*, 1958, pp. 338-355; F. Pierandrei, *Le decisioni della Corte costituzionale in materia economica*, in *Dir. econ.*, 1958, pp. 419-451。

[106] S. Pugliatti, *La proprietà*, cit., pp. 277-278.

[107] V. Spagnuolo Vigorita, *L'iniziativa*, pp. 250-251; 相反但有争议的观点,参见 U. Pototschnig, *I pubblici servizi*, cit., p. 144。

[108] C. Esposito, *La libertà di manifestazione del pensiero nell'ordinamento italiano*, Milano, 1958, p. 14.

[109] 对意大利学说的考察(不过该学说以并不总是确定的标准来讨论灵活的概念。这些标准通常包括诚实信用、善良风俗、勤勉、公共秩序、过失等),证实了本文的观点。例如,诚实信用("众所周知,任何时代和国家的理论都会提及善良风俗的非法律上的含义……另一方面,从技术含义,尤其是从法律含义的角度看则更为困难"; Salv. Romano, voce *Buona fede,* in *Enciclopedia del diritto*, V, Milano, 1959, p. 677)或善良风俗("善良风俗并不构成对法律上允许的行为的一般限制;它是一个由伦理学构建的概念,不能认为法律在其强制性上使对合法行为范围的完整评估取决于道德的评估"; A. Trabucchi, voce *Buon costume,* in *Enciclopedia del diritto*, V, cit., p. 700)。我们在此仅简要提及这两个概念,否则这一议题的广度会让我们走得太远;另见 A. Montel, voce

Buona fede, in *Novissimo Digesto Italiano*, cit., pp. 599-611(该词条试图在伦理—社会、心理和法律概念之间作出区分,以强调后者的自主性,尽管这种尝试并不完全令人满意),以及 E. Protettì, voce *Buon costume*, in *Novissimo Digesto Italiano*, cit., pp. 594-596(该词条在第594页指出,"给'善良风俗'下一个准确的定义是一项极为困难的任务,因为它构成我们的法律制度中最宽泛和最模糊的概念之一")。关于这一问题的参考文献,还有多名学者合著的专论: *La notion de l'ordre public et des bonnes moeurs dans le droit privé*, in *Travaux de l'Association Henri Capitant pour la culture juridique française*, VII (1952), Montréal, 1956, pp. 625-808;另见 G. Hueck, *Der Grundsatz der gleichmässigen Behandlung im Privatrecht*, München-Berlin, 1956, pp. 107-115。

[110]正如前注所言,意大利的学说——尽管有这样的著作,即 V. Polacco, *Le cabale del mondo legale*, in *Atti del R. Istituto veneto*, LXVII (1908), p. 172(使用了法律秩序的"呼吸器官"这一表述),该文正确地理解了弹性概念和阀门概念的功能(该文的观点经常为我们的学者所引用,参见 D. Donati, *Il problema delle lacune dell'ordinamento giuridico*, Milano, 1910, p. 210,该书使用了"调节制度"的表述;G. Del Vecchio, *Sui principi generali del diritto*, in *Arch. giur.*, 1921, pp. 84-85; T. Ascarelli, *Studi*, cit., p. 71)——并没有认真研究该问题(除上述学者外,只需参考:E. Betti, *Interpretazione*, cit., pp. 56, 215-216; Id., *Teoria generale dell'interpretazione*,

II, Milano, 1955, p. 856, 及其所列参考文献; S. Pugliatti, *La giurisprudenza*, cit., pp. 66-67, nota 49 e p. 82; L. Caiani, *I giudizi di valore nell'interpretazione giuridica*, Padova, 1954, p. 24, nota 13 e pp. 210-211)。

总地来说,大陆法系理论对于这些概念的关注要晚于普通法系;实际上,当普通法系的法学家(尤其是美国法学家)对这些概念的兴趣开始下降时,大陆法系法学家开始探讨法律标准的归类问题,对这些概念作为经验工具的研究开始被系统性的研究取代(参见 J. Esser, *Grundsatz und Norm*, Tübingen, 1956, pp. 96, 224)。这并不意味着它们作为技术性工具在大陆法系的立法中不存在,也不意味着它们的存在在此之前没有得到承认[意大利的情况仅需提及波拉寇(Polacco)、多纳蒂(Donati)和德·韦基奥(Del Vecchio)];另一方面,在这一问题上,美国法律思想的演变与价值判断的重要性密切相关,因为释法者在使用弹性概念时都会作价值判断(参见 L. Caiani, *I giudizi*, cit., pp. 210-215; J. Esser, *Grundsatz*, cit., p. 224)。在美国的理论中,对标准的研究主要是法社会学的工作;其中,最重要的是庞德的著作(例如 *Administrative Application of Legal Standards*, in *Amer. Bar Ass. Journal*, 1919, p. 445 ss.; *Hierarchy of Sources and Forms in Different Systems of Law*, in *Tulane Law Review*, 1933, p. 475 ss.; *An Introduction to Philosophy of Law*, New Haven, 1946[7], p. 118 ss.; *The Theory of Judicial Decision*, in *Harvard Law Review*, 1923, p. 641);另见 B. Cardozo, *The*

Nature of Judicial Process, 75th rist., New Haven, 1952, p. 112。对各种概念的整理(及大量的参考书目),参见 J. Stone, *The Province and Function of Law*, rist., Sidney, 1950, pp. 142 – 144, 185 – 187, 318 – 327, 411 – 412, 590 – 591(该作者不仅准确阐释了美国社会法学中的标准的范围,还指出了其中的哲学和意识形态含义)。大陆法系学说对这一概念有不同的看法。应该特别提及德国的学说,该学说受到《德国民法典》中"一般规定"(*Generalklauseln*)广泛适用的影响。关于这一术语的使用,参见 J. W. Hedelmann, *Die Flucht in die Generalklauseln*, Berlin, 1933;但也有使用标准及弹性概念等术语者[参见 K. G. Wurzel, *Das juristische Denken*, Wien-Leipzig, 1924^2, p. 84,该书使用了"阀门条款"(*Ventilbegriffe*)和"弹性条款"(*Kautschukparagraphen*)的表述;对"不确定的法律概念"这一术语的使用,参见 L. Ennecerus-H. Nipperdey, *Allgemeiner Teil des Bürgerlichen Rechts*, I, 1, Tübingen, 1959^5, pp. 307 – 310]。从批评的角度探讨这些不同术语的区别的文献,参见 J. Esser, *Grundsatz*, cit., pp. 95 – 98, 147 – 153; F. Wieacker, *Privatrechtsgeschichte*, cit., pp. 286 – 287; S. Simitis, *Die faktische Vertragsverhältnisse*, Frankfurt a. M., 1957, p. 53, nota 11。"一般规定"(*Generalklauseln*)的特殊含义,产生于分配给法官活动的特殊角色,这是自由法学派的特色。参见 A. Egger, *Schweizerische Rechtssprechung und Rechtswissenschaft*, Berlin, 1913, p. 16(该书提供了一个示范性的定义); A. Meier-Hayoz, *Der Richter als Gesetzgeber*, Zürich, 1951,

p. 64。

法国的学说,参见 M. Hauriou, *Police juridique et fond du droit*, in *Rev. trim. dir. civ.*, 1926, p. 265 ss.(该文区分了标准与指令);O. Stati, *Le standard juridique* (thèse), Paris, 1927(该作者这样定义法律标准这一概念:法律标准是法官考量特定类别行为的具体社会行为之一般类型的过程, *op. cit.*, n. 21;美国经验主义法学的影响是显而易见的,这种论述还试图与庞德的研究重新联系起来);J. Dabin *La philosophie de l'ordre juridique positif*, Paris, 1929, p. 7; Al-Sanhoury, *Le standard juridique*, in *Recueil d'études sur les sources du droit en l'honneur de François Gény*, II, Paris, s.d. (ma 1934), pp. 144-156(该书第 145—147 页从庞德的视角阐述了标准、规则和原则之间的区别;该书其他地方也讨论了这一问题);G. Maury, *Observations sur les modes d'expression du droit: règles et directives*, in *Introduction à l'étude du droit comparé (Recueil d'études en l'honneur d'Edovard Lambert)*, I, Paris, 1938, pp. 421-433(该文深入探讨了标准和命令之间的区别,认为标准是一种特殊的命令,在法官的判决只能基于对特定行为价值的自由评价而作出时使用);R. David, *Introduction à l'étude du droit privé de l'Angleterre*, Paris, 1948, pp. 175 e 230, nota 3; P. Roubier, *Théorie générale du droit*, Paris, 1951^2, pp. 111-112, 117; G. Ripert, *Les forces*, cit., p. 355(该文对命令的实质性认定呼应了其对标准的极为广泛的理解)。作为一种观念力量的标准的特殊含义,参见 L. Josserand,

De l'esprit des droits et de leur relativité, Paris, 1939², p. 1。对法国理论中标准概念的说明,参见 E. Betti, *Il quarto libro del progetto del codice civile italiano,* cit., p. 549。

[111] E. Betti, *Interpretazione,* cit., p. 58.

[112] E. Betti, *opp. citt.*

[113] 参见 G. Chiarelli, *Elasticità della costituzione,* in *Studi di diritto costituzionale in memoria di Luigi Rossi,* Milano, 1952, pp. 45-56; F. Vassalli, *Estrastatualità del diritto civile,* in *Studi,* cit., III, 2, pp. 753-763。

[114] 除了本文紧接着要讨论的含义,对该术语其他含义的说明,参见本文第一、四、五、六、七部分。

[115] M. S. Giannini, *Lezioni,* cit., p. 5.

[116] J. A. Schumpeter, *Ten Great Economists: from Marx to Keynes,* New York, 1952, p. 130.

[117] F. Caffè, *Benessere,* cit., p. 37.

[118] F. Caffè, *Benessere,* cit., p. 39; J. A. Schumpeter, *History,* cit., p. 1072.

[119] 这是乔治·里佩尔(G. Ripert)唯一认可的社会功能的性质,参见 E. Betti, *Problemi proposti dallo sviluppo del capitalismo e dalla tecnica di guerra,* in *Studi in onore di Antonio Cicu,* cit., II, p. 593。关于生产资料占有的伦理的法律发展,参见 E. Finzi, *Diritto di proprietà,* cit., p. 16。

[120]参见本文第一部分。

[121]参见前注[34]。为了评估多种立法方案的含义与启发,值得提及的是,1919 年"标志着民主在世界历史上达到最高峰"(H. Holborn, *Storia dell'Europa contemporanea*, trad. it. di A. Ballardini, Bologna, 1957, p. 121);另见 J. A. Schumpeter, *Business Cycle*, II, New York-London, 1939, p. 692 ss.; M. Waline, *L'individualisme*, cit., p. 7; F. Wieacker, *Das Sozialmodell der klassischen Privatrechtsgesetzbücher und die Entwicklung der modernen Gesellschaft*, Karlsruhe, 1953, pp. 20-24。

[122] R. Treves, *Intorno alla concezione del diritto di Hans Kelsen*, cit., p. 182.

[123]参见本文第一部分。

[124]N. Bobbio, *La scienza del diritto come vocazione*, Firenze, 1958, pp. 26-27.

[125]关于将特别法视为法典之例外的传统,参见 T. Ascarelli, *Proprietà e controllo*, cit., p. 756; Id., *Problemi*, cit., I, *passim*。

[126]G. Motzo-A. Piras, *Espropriazione*, cit., pp. 157-158.

[127] T. Ascarelli, *Lezioni di diritto commerciale*, Milano, 1955^2, p. 84.

[128]参见前注[67];另见 E. Garbagnati, *Il giudice di fronte alla legge ingiusta*, in *Jus*, 1951, p. 435(及该文的参考文献);S. Cotta, *Il concetto di legge nella "Summa theologiae" di S. Tommaso*

d'Aquino, Torino, 1955, p. 31(该文揭示了这一表述的泛化);J. A. Schumpeter, *History,* cit., pp. 92-94。

在此特别提及阿奎那的研究,并不意味着要忽视其与其他时代的天主教私人所有权观念的差异。因为在阿奎那身上,既没有激烈反对私人占有物的论战的口吻,也没有完全认同私人所有权的自然特征,而这种特征已经被现代天主教教义阐明。参见 W. Friedmann, *Legal Theory,* cit., pp. 31-32, 281; G. Massart, *Società e Stato nel cristianesimo primitivo. La concezione di Origene,* Padova, 1932, pp. 266-274; M. S. Giannini, *Attualità dogmatica e problematica di alcune concezioni della scienza giuridica intermedia,* in *Arch. studi corp.,* 1942, p. 479; G. Perticone, *La proprietà,* cit., p. 28; G. H. Sabine, *A History of Political Theory,* ed. riv., New York 1954, pp. 249, 255。广泛且特别的论述,参见 G. Renard, *La pensée chretienne sur la propriété privée,* in G. Renard-L. Trotabas, *Function sociale de la proprieté privée,* Paris, 1930; B. Tabbah, *Propriété privée et registre foncier,* I, Paris, 1947(该书第一章第一部分对阿奎那的观念进行了长篇分析);J. F. Fletcher, *Christianity and Property,* Philadelphia, 1947; H. Peter, *Wandlungen der Eigentumsordnung und der Eigentumslehre seit dem 19, Jahrhundert,* Aarau, 1949, pp. 59-63; F. Wieacker, *Privatrechtsgeschichte,* cit., p. 169; *Archives phil. dr.,* 1960, pp. 1-64 收录的论文(尤其是 M. Villey, *Une enquête sur la nature des doctrines sociales chrétiennes*);G. Fassò,*Il "colloquio" di Strasburgo su "*la rivelazione cristiana e il diritto*", in *Riv. trim. civ.*, 1960, pp. 177–184（另见该文作者的另一本著作：*Cristianesimo e società*, Milano, 1956）; voce *Eigentum*, in *Staatslexicon*, II, Freiburg i. B., 1957, pp. 1089–1091. A. Merk, *Das Eigentum im Wandeln der Zeit*, Langensalza, 1934, p. 11; L. Trotabas, *La responsabilité de l'État en droit interne et le respect de la propriété privée*, in *Introduction à l'étude du droit comparé*, cit., III, Paris, 1938, pp. 51–52; G. Morin, *L'oeuvre de Duguit et le droit privé*, in *Arch. phil. dr. et sociol.*, 1932, p. 158（该文还澄清了狄骥的研究方式和天主教思想家的研究方式之间的区别；关于这一点，强调二者一致性的文献，参见 W. Friedmann, *Legal Theory*, cit., p. 284；对实证主义和天主教理论在所有权领域一致性的研究，参见 G. Solari, *Studi storici di filosofia del diritto*, Torino, 1949, p. 393; M. Arpchie, *A. Comte et le catholicisme sociale*, in *Arch. phil. dr.*, 1934, p. 208 ss.; O. Volz, *Christentum und Positivismus*, Tübingen, 1951）。我们用大量的篇幅提及法国的理论，因为这些理论对该问题的思考似乎比我们要更加深入，这首先要归功于穆尼埃（Mounier）和马里坦（Maritain）的人格主义思想（在此不再列举相关的著作；简要的论述，参见 F. Valentini, *La filosofia francese contemporanea*, Milano, 1958, pp. 239–260）。对所有权的共有法规的阐述（其中大量引用阿奎那的论述），参见 H. Multzer, *Proprietà senza furto*, trad. it. di Miggiano, Milano, 1948, pp. 120–127。

探讨阿奎那学说的著作，无论是天主教的还是非天主教的，均数目众多，关于我们目前讨论的问题的文献有：E. Troeltsch, *Die Soziallehren der christlichen Kirchen und Gruppen*, Tübingen, 1923³（该书对于明确界定问题至关重要）；J. Perez Garcia, *De principiis functionis socialis proprietatis privatae apud divum Thomam Aquinatem*, Abulae, 1924（清晰且渊博的陈述）；O. Schilling, *Der kirchliche Eigentumsbegriff*, Freiburg i. B., 1930²（一些明显的系统性过剩现象在某些方面影响了重构的准确性）；B. Horvath, *Eigentumsrecht nach hl. Thomas von Aquin*, Graz, 1934；A. Farner, *Christentum und Eigentum bis Thomas von Aquin*, Bern, 1947（这是一本极其有用的著作，但使用方法有待商榷，而且缺乏明确的批判精神）；A. Schaub, *Die Eigentumslehre nach Thomas von Aquin und der modernen Sozialismus*, Freiburg i. B., 1898. 此外，还有 A. Brucculeri, *La funzione sociale della proprietà*, Roma, 1944⁴，该书盲目坚持法西斯的"劳资合作"主义。

关于意大利的学说，参见 L. Barassi, *Proprietà*, cit., 以及意大利天主教法学家促进会的论文集，尤其是 *Libertà economica e proprietà fondiaria*, Roma, 1953；*La pianificazione economica e i diritti della persona umana*, Roma, 1956。

[129] G. Perticone, *La proprietà*, cit., p. 109.

[130] A. Rocco, *Le trasformazioni dello Stato*, Roma, 1927.

[131] J. Carbonnier, *Droit civil*, II, Paris, 1956, p. 85; cfr. U. Na-

toli, *Limiti*, cit., p. 87.

[132] Cfr. A. Pekelis, *Il diritto come volontà costante*, cit., pp. 27-37; U. Cerroni, *Diritto e sociologia*, in *Società*, 1960, pp. 23-42.

[133] O. Von Gierke, *Die soziale Aufgabe des Privatrechts*, Berlin, 1889(我们在后文引用的是该书 1948 年的重印版).

[134]"社会功能,或者说公共利益的落实,是成文法承认的所有权利所固有的;因此,也当然包括所有权。"参见 F. Vassalli, *Per una definizione legislative del diritto di proprietà*, in *Studi*, cit., p. 334。另见 G. Archi, *L'aspetto funzionale del "dominium" romano*, in *Bull. ist. dir. rom.*, 1958, pp. 61-79; F. De Visscher, *Individualismo e evoluzione della proprietà nella Roma repuhblicana*, in *Studia doc. hist. iur.*, 1957, pp. 26-42。

[135]对这一问题有趣但并非全部可以接受的论述,参见 J. Dabin, *Le droit subjectif*, Paris, 1952, pp. 219-220。

[136] W. Cesarini Sforza, *Codice civile*, cit., p. 99.

[137] M. S. Giannini, *Attualità dogmatica*, cit., p. 478.

[138]关于学说在定义理由、目的和目标时所遇到的困难,参见 L. Caiani, *I giudizi*, cit., p. 217, nota 16; G. Perticone, *La proprietà*, cit., p. 47。

[139] F. Vassalli, *Il diritto di proprietà*, in *Studi*, cit., II, p. 421.

[140]完全列举有关这一问题的参考文献,尤其是涉及由狄骥所提出的(与本文密切相关的)极端观点的参考文献,当然是不

可能的。关于后者,参见 *Arch. phil. dr. social. jur.*, 1932, nn. 1-2; *Rev. jur. éc. Sud-Ouest*, 1959; G. Langrod, *L'influenza delle idee di Léon Duguit sulla teoria generale del diritto*, in *Riv. int. fil. dir.*, 1959, pp. 641-672。除了在总体框架上的尝试(例如 F. Geny, *Science et technique en droit privé positif*, II, Paris, 1915, pp. 191-272; IV, Paris, 1924, pp. 159-213; W. Friedmann, *Legal Theory*, cit. pp. 172-179),关于本文强调的狄骥的思想,参见 J. Bonnecase, *Science du droit et romantisme*, Paris, 1928(该文反复提到了狄骥的理论); H. Peter, *Wandlungen*, cit.(该书以长篇幅的附录介绍了狄骥的思想)。与本文主题紧密相关的概述,参见 M. Waline, *L'individualisme*, cit., pp. 48-51; L. Bagolini, *Introduzione* alla L. Duguit, *Il diritto sociale, il diritto individuale e la trasformazione dello Stato*, Firenze, 1950; J. Stone, *The Province*, cit., pp. 343-352; G. Ripert, *Les forces*, cit., p. 232。

意大利的研究中关于主观权利的学说,也提到了狄骥的观点。cfr. S. Pugliatti, *Esecuzione forzata e diritto sostanziale*, Milano, 1935, pp. 46-51; D. Barbero, *Il diritto soggettivo*, in *Foro it.*, 1939, IV, c. 11, nota 28; U. Natoli, *Il diritto soggettivo*, Milano, 1943, pp. 1-2, nota 1;但这些观点均不值得深入研究。对这一态度解释的尝试,参见 L. Mossa, *Trasformazione dogmatica e positiva della proprietà privata*, ne *La concezione fascista*, cit., p. 260。

[141] V. Frosini, *Il concetto di struttura e la cultura giuridica*

contemporanea, in *Riv. int. fil. dir.*, 1959, pp. 169-170; cfr. F. Carnelutti, *Teoria generale del diritto*, Roma, 1951³, pp. XIV-XV; L. Caiani, *I giudizi*, cit., p. 217, nota 16. 后文第四部分及注[147]进一步讨论了这一问题。

[142]参见本文第一部分讨论的卡尔·伦纳(K. Renner)的观点。

[143] S. Simitis, *Die faktische Vertragsverhältnisse*, cit., pp. 47-61(该书第 48 页注[137]说明了"功能"一词在该作者以及狄骥、伦纳作品中的不同含义)。

[144] S. Pugliatti, *La giurisprudenza*, cit., p. 64.

[145] T. Ascarelli, *Studi*, cit., pp. 55-78.

[146] R. Pound, *Law in Books and Law in Action*, in *Amer. Law Rev.*, 1910, p. 12 ss.; J. Stone, *The Province* cit., pp. 405-408, 414-417, 742-749.

[147]就像上一个问题那样,关于这一个问题,本文也不穷尽列举相关参考文献。但需要提及的是 J. Berman, *The Nature and Function of Law*, Brooklyn, 1958。然而,应当注意到,在波比欧(Bobbio)看来,法律的功能问题是"典型的法外问题之一",它不涉及法的一般理论,而需要一种意识形态立场(*Studi sulla teoria generale del diritto*, Torino, 1955, p. 9-10)。弗朗切斯科·卡尔内卢蒂(F. Carnelutti, *Teoria*, cit., p. XV)用法律的目的和功能之间的区别来反驳波比欧,并将功能理解为"那些在结果中达成的目

的,即那些可以通过手段达到的目的"。马西莫·塞韦罗·贾尼尼(M. S. Giannini, *Lezioni*, cit., p. 82)将功能定义为"与规范本身规定的法律效力所产生的实质结果有关的规范内容";罗萨里奥·尼科洛(R. Nicolò, *L'adempimento dell'obbligo altrui*, Milano, 1936, p. 36)将结构视为某种情形的性质所固有的,并探讨了功能在法律秩序中的效力。

[148]在此仅提及一个令人振奋的研究:R. Orestano, *Diritti soggettivi*, cit., pp. 149-196; *Das subjektive Recht und der Rechtsschutz der Persönlichkeit*, Frankfurt a. M.-Berlin, 1959。后者收录了科英(Coing)、罗森(Lawson)和格隆福斯(Gronfors)的文章。在此需要注意的是,其收录的第一篇文章,即 *Zur Geschichte des Begriffs "subjektives Recht"*, pp. 7-23,该文表达了对传统教条主义方法的不满,并在结论部分准确点明了传统方法的局限性和缺点;另见 M. Villey, *Les origines de la notion de droit subjectif*, in *Arch. phil. dr.*, 1953-53, pp. 163-187。然而,人们对构建更符合客观法规定的概念的认识越来越清晰(cfr. W. Cesarini Sforza, *Il diritto soggettivo*, in *Riv. it. sc. giur.*, 1947, p. 184)。并非巧合的是,人们对于地位的讨论总是多于对主观权利的讨论。虽然我们赞同这种表述是通用的,但在我们看来,它相当忠实地见证了重构"给予的"与"建构的"之间的平衡的努力,因为后者的绝对普遍性打破了这种平衡。

[149]T. Ascarelli, *Problemi*, cit., I, p. 47.

[150]参见本文第一部分;R. Savatier, *Les métamorphoses*, cit., p. 14; S. Pugliatti, *La proprietà*, cit., pp. 286-287。

[151]Cfr. W. Cesarini Sforza, *Il diritto soggettivo*, cit., p. 184.

[152]T. Ascarelli, *Proprietà e controllo*, cit., p. 756.

[153]例如,有学者指出,"在实践中,《苏俄民法典》第1条的重要性远没有西方国家的首批评注者所说的那么大"(R. David, *Le droit soviétique*, I, Paris, 1954, p. 54);仍然忠实于这种评注的文献有:G. Ripert, *Les forces*, cit., p. 234; cfr. R. Müller-Erzbach, *Wohin führt Interessenjurisprudenz?*, Tübingen, 1932, p. 71; U. Cerroni, *Sulla storicità*, cit., p. 355. G. Gsovski, *Soviet Civil Law*, I, Ann Arbor, 1948,该书作者显然受到了萨莱莱(Saleilles)和狄骥思想(这些思想对于《苏俄民法典》起草的影响,参见 T. Ascarelli, *Problemi*, cit., I, p. 153, nota 40)以及《苏俄民法典》首批评注者的观点(尤其是 Gsovski 著作第 319—321 页)的影响。这种观点后来受到了批评,晚近的苏联文献几乎不再提及《苏俄民法典》第1条的含义(第321页);关于苏联学说对该条的解释,参见该书第324—326页。

[154]对主观权利各种学说的精确概述,参见 R. Orestano, *Diritti soggettivi*, cit., pp. 172-173。

[155]本文并非旨在穷尽列举参考文献,而只是指出那些否认功能特征的可接受性的学者的一些重要观点;关于社会功能观点的更完整的概述,也请参见本文其他脚注中提及的文献。

所有权的社会功能这一概念似乎是模糊的、抽象的,在法律意义上是空洞的(F. De Martino, *Della proprietà*, in *Commentario del codice civile*, a cura di A. Scialoja e G. Branca, Bologna-Roma, 1957[2], pp. 118-120; W. Cesarini Sforza, *Codice civile*. cit., p. 99);而且矛盾重重,漏洞百出(S. Panunzio, *Prime osservazioni giuridiche sul concetto di proprietà nel regime fascista*, in *La concezione fascista*, cit., p. 116; W. Cesarini Sforza, *Proprietà e impresa, ibidem*, p. 364; E. Bassanelli, *Note sul concetto di proprietà*, in *Stato e diritto*, 1940, p. 220; L. Barassi, *La proprietà nel nuovo codice civile*, Milano, 1941, p. 97; S. Pugliatti, *La proprietà*, cit., p. 141; G. Grosso, *Formule, schemi e prospettive nell'odierna teoria giuridica della proprietà*, in *Dir. econ.*, 1957, p. 1009,该文强调了所有权与自由的联系);只有在集体主义技术制度的框架内才是可以接受的,因为它将人降格为物(E. Betti, *Problemi proposti dallo sviluppo del capitalismo*, cit., p. 591),也因此与我们当今的制度不符(G. Cottino, *Le convenzioni di voto nelle società commerciali*, Milano, 1958, p. 96; F. Carnelutti, *Riv. proc.*, 1958, pp. 570-571);包含在客观法认可的权力分配中(F. Vassalli, *Per una definizione*, cit., p. 334;但该作者也指出,社会功能现在被转化为一系列的客观法规,参见 *Il diritto di proprietà*, cit., p. 421);以至于破坏了所有权概念本身(G. Branca, *Sul possesso dell'azienda*, in *Foro it.*, 1958, I, c. 702;实际上,哲学家也支持法学家的观点,参见 G. K. Chesterton, *L'uomo che fu Giovedì*, trad.

it. di Boffito Serra, Milano, 1957, p. 51。"盗贼们尊重所有权;他们只想让所有权为他们所有,这样他们就能更完美地尊重它;但哲学家们憎恨财产权,他们想摧毁私人占有的观念");只有在缺乏任何具有实质意义的行为上,才是可接受的[L. Barassi, *Proprietà*, cit., *passim*;该作者的观点受限于这样一个事实,即他把自己的注意力限制在"聪明而有活力的单个所有权人"(第281页),而且他继续将社会功能视为"共同利益的有效工具"(第269页注[13]),使这种表述具有本文已经提到的含义;P. Barile, *Il soggetto privato*, cit., p. 144];仅在传统目的论视角下才是可接受的(G. Chiarelli, *Il fondamento pubblicistico della proprietà*, in *La concezione fascista*, cit., pp. 156-159);被视为实现公共利益的特定态度的复合体(G. Perticone, *La proprietà*, cit., p. 129; A. M. Sandulli, *Spunti per lo studio dei beni privati d'interesse pubblico*, in *Dir. econ.*, 1956, p. 56。但该文认为它们是所有权结构的组成部分,相同的意见,参见 E. Finzi, *Le moderne trasformazioni*, cit., p. 59; U. Natoli, *Limiti*, cit., p. 89)。

[156]关于哲学家和法学家之间尚无定论的争论,参见 G. W. F. Hegel, *Grundlinien der Philosophie des Rechts*, Berlin, 1821, par. 41; *Die Person muss sich eine äussere Sphäre ihrer Freiheit geben, um als Idee zu sein*。关于黑格尔的思想以及"所有权—自由"这一二重命题,参见 G. De Ruggiero, *Storia*, cit., pp. 28-45; G. Solari, *Individualismo e diritto privato*, rist., Torino, 1959, pp. 170-183;以

及后文注[159]。另一方面可以注意到,对私人所有权施加限制和义务与纯粹意思主义的衰落有关,个人主义则与最完全的私法自治的严格要求有关:cfr. M. Villey, *Essor et décadence du volontarisme juridique*, in *Arch. phil. dr.*, 1957, pp. 94-96。

[157] G. Solari, *Individualismo*, cit., p. 8 e *passim*; G. De Ruggiero, *Storia*, cit., pp. 28-34. 自然法视角的观察,参见 A. Passerin d'Entrèves, *Il negozio giuridico*, Torino, 1934; *La dottrina del diritto naturale*, Milano, 1954; F. Wieacker, *Privatrechtsgeschichte*, cit., pp. 169-171。

[158] 这是《意大利宪法》的情况(参见本文第二部分)。天主教民主党曾提议在《意大利宪法》第42条中加入解释性条款,规定承认私有财产是"对自由的保障和对人格的认可",但该提议遭到拒绝;cfr. Assemblea costituente-Commissione per la Costituzione, *Relazioni e proposte*, p. 104; Id. (Terza sottocommissione), *Resoconti*, pp. 83-84; M. Mazziotti, *Il diritto al lavoro*, cit., p. 193,但该作者指出,天主教民主党在这一点上占了上风,因此所有权应当是公认的天赋人权。笔者不同意这种观点,这不仅是因为我们认为应当对上述拒绝的提议作出符合通说的解释,更是由这种保障本身的内容所决定的(参见前注[87]);另一方面,很显然,并非每一种受法律保障的地位都是天赋权利;当然,对宪法文本的这种解释意义重大;在这种情况下,"法典仍然把所有权作为一种人权来讨论"(F. Vassalli, *Motivi*, cit., pp. 86-87, nota 9; 96-

97）的看法不再具有分量。批评的观点，参见 S. Pugliatti, *La proprietà*, cit., p. 129。

另见《联邦德国宪法》第 14 条（关于该条之规定，参见 G. Motzo-A. Piras, *Espropriazione*, cit., pp. 167-183，以及作者列举的参考文献；另见 K. Rudolph, *Die Bindungen des Eigentums*, Tübingen, 1960, pp. 11-15；该条就本文所讨论的问题而言的重要性，参见 E. R. Huber, *Wirtschaftsverwaltungsrecht*, II, Tübingen, 1954², pp. 13-14。关于所有权对自由的保障，参见 A. Zycha, *Deutsche Rechtsgerischichte der Neuzeit*, Marburg a. L., 1949, p. 227）。

新《法国宪法》第 89 条规定的原则具有普遍意义，但必须结合该法第 34 条的规定来理解（关于战后制宪过程中出现的不同趋势，参见 A. Saitta, *Costituenti e costituzioni della Francia moderna*, Torino, 1952, p. 462 ss.）。

总体说明，参见 F. Pergolesi, *Orientamenti sociali delle costituzioni contemporanee*, Firenze, 1946²。

对于社会主义民主国家的宪法文本，本文不予研究。

[159] 现今，只有在那些试图从天主教教义的原则中推导出这种天赋人权的宣言，才强调且无条件承认所有权是一种天赋人权（例如，1948 年《圣巴斯蒂亚诺宪章》第 10 条之规定）。联合国《世界人权宣言》并未赋予所有权任何优越地位（第 17 条）（G. Capogrossi, *Opere*, V, Milano, 1959, pp. 38-40）。欧洲人权委员会的《欧洲保障人权和根本自由公约》中未提及所有权；非常重要的

是,该公约仅在附加《议定书》第1条提及所有权:"(第1款)每个自然人和法人对自己的财产都享有受到尊重的所有权。除非为了公共利益并且符合法律以及国际法一般原则之规定,任何人的财产所有权都不应被剥夺。(第2款)前款规定不得损害一国的下列权利:按其认为必要的方式去强制执行此类法律以便依据公共利益来控制所有权的使用,或者保证税收或其他捐税或罚金的支付。"(cfr. G. Morin, *Le sens de l'évolution*, cit., p. 4)甚至在其他非常谨慎的组织颁布的文件(例如,国际法学家协会的《雅典宣言(1959年)》)中,也可以看到类似的沉默。

R. Orestano, *Diritti soggettivi*, cit., p. 174. 该作者指出,"战后的国际宣言和宪法(至少部分地)恢复了纯粹法律个人主义的表述". 对于所有权而言,除了一些次要的形式,这种恢复并未发生。

[160] G. Solari, *Individualismo*, cit., p. 57.

[161] T. Ascarelli, *Studi*, cit., pp. 181-183; J. W. Hedemann, *Wesen und Wandel*, cit., pp. 23-39.

[162] 巴托鲁斯(Bartolo)对所有权的经典定义["所有权是完全处置有体物的权利,除非法律有所禁止"(*dominium est ius de re corporali perfecte disponendi, nisi lex prohibehatur*), in *Omnia quae extant opera*, V. Venetiis, 1615, f. 84;关于这一定义,参见 B. Brugi, *Della proprietà*, I, Torino-Napoli, 1923², pp. 25-26, nota 2,该作者还强调了齐诺·达·皮斯托亚(Cino da Pistoia)对该定义产生的影响;U. Nicolini, *La proprietà, il principe e l'espropriazione per*

pubblica utilità, rist., Milano, 1952, pp. 46-53,以及参考文献]与佛伦提努斯(Fiorentino)为自由所下的定义["自由是指做任何想做的事的自然权能,除非被武力或法律阻止"(*Libertas est naturalis facultas eius quod cuique facere libet, nisi quid vi aut iure prohibetur*),D. 1, 5, 4; cfr. B. Brugi, *op. cit.*, pp. 28, 75; U. Nicolini, *op. cit.*, pp. 52-53]极为接近。

[163]J. Dewey, *Individualismo*, cit., pp. 56-65. 反历史且短视的观点,参见 A. Merk, *Das Eigentum*, cit., p. 59; V. Meyer, *Eigentum nach den verschiedenen Weltanschauungen*, Jena, 1912。与本文讨论的议题直接相关的文献,参见 J. Hoffner, *Die Funktionen des Privateigentums in der freien Welt*, in *Festschrift für Ludwig Erhard*, Frankfurt a. M., 1957, pp. 181-201。

[164]参见克罗齐(Croce)与埃伊诺蒂(Einaudi)的辩论:P. Solari (a cura di), *Liberismo e liberalismo*, Milano-Napoli, 1957; C. Antoni, *La restaurazione del diritto di natura*, Venezia, 1959, pp. 154-169。

[165]意识形态这一术语的此种含义,参见 C. Antoni, *La restaurazione*, cit., pp. 15-29。

[166]Cfr. R. Craveri, *La disgregazione della proprietà*, Milano, 1958, pp. 70-73; T. Ascarelli, *Recensione agli Atti del I Convegno internazionale di diritto agrario*, in *Riv. it. scienze giur.*, 1955-56, pp. 625-628; L. Mengoni, *Recenti mutamenti*, cit., pp. 689-697. 对所有

权运作的一般框架的重要评论,参见 V. Kruse, *The Right of Property*, I, trad. it. di Federspiel, London-New York-Toronto, 1939, pp. 16-74。

[167] S. Pugliatti, *La proprietà*, cit., pp. 224-245, 270; A. A. Berle jr., *Power without Property*, cit.

[168] 这些需求显然是自由主义的产物,然而不是以极端或矛盾的形式出现的,例如,使布理索(Brissot)(及其追随者)从自然法的原始需求中得出"财富即是盗窃"(*la propriété c'est le vol*)这种平均主义的结论(cfr. G. De Ruggiero, *Storia*, cit., p. 29);关于这一问题,参见 T. Ascarelli, *Il diritto comparato e la rivoluzione agraria*, in *Dopo il primo Convegno internazionale di diritto agrario*, Milano, 1958, pp. 57-58。

[169] 参见 E. Di Robilant, *Direttiva economica e norma giuridica*, Torino, 1955; V. Bachelet, *L'attività di coordinamento nell'amministrazione pubblica dell'economia*, Milano, 1957; V. Spagnuolo Vigorita, *L'iniziativa*, cit.; M. S. Giannini, *Sull'azione dei pubblici poteri nel campo dell'economia*, in *Riv. comm.*, 1959, I, pp. 313-328。

[170] Cfr. J. Flour, *L'influence du droit public en France*, in *Travaux de l'Association Henri Capitant pour la culture juridique française*, II (1946), Paris, 1947, p. 195; G. Ripert, *Le régime démocratique*, cit.; Id., *Le déclin du droit*, Paris, 1949. 关于乔治·里

佩尔(G. Ripert)的观点,参见 L. Caiani, *La filosofia*, cit., pp. 7-8, nota 8; F. Vassalli, *Estrastatualità del diritto civile*, cit。

[171]因特别宽泛且丰富细腻,使得盎格鲁-撒克逊式的表述更受青睐(参见 W. Lippmann, *La filosofia pubblica*, cit., p. 89 ss.)。关于这种变化的后果,参见 W. Friedmann, *Law in a Changing Society*, cit., pp. 3-23; *Law and Opinion in England in the 20th Century*。

[172]参见前注[155]。

[173]例如 L. Barassi, *Proprietà*, cit., p. 294。

[174]这种观点经常被提及,而且不仅仅是在意大利的学说中。参见 E. Finzi, *Diritto di proprietà*, cit., p. 13; L. Barassi, *Proprietà*, cit., pp. 267-268; G. Grisolia, *La tutela delle cose d'arte*, Roma, 1952, p. 225, nota 1; S. Pugliatti, *La proprietà*, cit., pp. 151, 306; G. Ripert, *Le déclin du droit*, cit., p. 196, nota 1; E. Morin, *Le sens de l'évolution*, cit., p. 15。

为了使论述更加严谨,需要澄清的是,事实上,在所有权当前的形象中,并没有明显的政治色彩,所有权本身被视为一种单纯的经济生产工具。国家的角色与中世纪完全不同:在中世纪,每一次国家干预都是为改变权力的归属而服务的,而现在的措施基本上都是服务于经济目的,即使这些措施也倾向抑制或阻碍对所有权的滥用(参见 T. Ascarelli, *Il diritto comparato e la rivoluzione agraria*, cit., pp. 58-61)。

[175] G. Minervini, *Contro la "funzionalizzazione"*, cit., pp.

618-636.

[176] R. Nicolò, *Riflessioni*, cit., p. 190.

[177] A. M. Sandulli, *Giurisdizione e amministrazione in materia di edilizia urbanistica*, in *Dir. econ.*, 1958, pp. 1428-1429.

[178] M. F. Rabaglietti, *Introduzione alla teoria del lavoro nell'impresa*, Milano, 1956, pp. 41-42, 94 e *passim*; Id., *Il recesso dell'imprenditore nel rapporto di lavoro*, Milano, 1957, *passim*. 以及后文注[236]。

[179] 即本文已经提及了多次的普利亚蒂。在分析新的立法规定时必须特别强调该作者的示范性价值,考虑到这一点,传统观点的空洞性就很明显了,尤其是在第276—277页中,普利亚蒂以极为科学的态度批判了他自己在立法变化之前所持的观点。

[180] Cfr. P. Rescigno, *Associazione non riconosciuta e capacità di testimoniare*, in *Studi in onore di Francesco Messineo*, I, Milano, 1959, p. 398.

[181] S. Pugliatti, *La proprietà*, cit., p. 278. 这一观点可能会使社会功能仅存于所有权的架构之外,但该作者已经指出,功能的"生动的现象学仍处于阴影之中"(*ibidem*, p. 277)。

[182] F. De Martino, *Della proprietà*, cit., p. 122, 该作者指出,"因此,在某种意义上,说所有权人不能做什么或只应以某种方式做什么,比说他可以自由地做什么要更有用"。

[183] L. Barassi, *Proprietà*, cit., pp. 265-306, 461-497; S.

Pugliatti, *La proprietà*, cit., pp. 279-281; M. Waline, *L'individualisme*, cit., p. 343.

[184]例如, F. Vassalli, *Le riforme del codice civile in relazione alla proprietà fondiaria*, in *Studi*, cit., II, p. 320; Id., *Il diritto di proprietà*, ibidem, p. 420。

[185]关于这一问题的法学文献,参见 A. Merk, *Das Eigentum*, cit., pp. 51-53; J. W. Hedemann, *Die Fortschritte des Zivilrechts im XIX Jahrhundert*, II, 2, Berlin, 1935, pp. 339-355; J. Stone, *Theories of Law and Justice in Fascist Italy*, in *Mod. Law Rev.*, 1937, pp. 177-197; S. Panunzio, *Teoria generale dello Stato fascista*, Padova, 1937; H. Eichler, *Wandlungen des Eigentumsbegriffes in der deutschen Rechtsauffassung und Gesetzgebung*, Weimar, 1938; F. Wieacker, *Bodenrecht*, Hamburg, 1938, pp. 26-30; C. Lavagna, *La dottrina nazional-socialista del diritto e dello Stato*, Milano, 1938; R. Bonnard, *Le droit et l'Etat dans la doctrine nationale-socialiste*, Paris, 1939[2]; *La concezione fascista della proprietà privata*, pp. 83-98, 111-123; C. Esposito, *Lo Stato fascista*, in *Jus*, 1940, pp. 102-126; E. R. Huber, *Versfassungsrecht des grossdeutschen Reiches*, Hamburg, 1941, p. 372; Colliard, *Propriété et expropriation dans la doctrine et le droit nationaux-socialistes* (*Etudes de droit allemand-Mélanges Oflag* II B), Paris, 1943, pp. 3-10; M. Waline, *L'individualisme*, cit., pp. 57-86; H. Peter, *Wandlungen*, cit., pp. 9-10; W. Friedmann, *Legal Theory*,

cit., pp. 270-278; F. Von Hippel, *Die nazionalsozialistische Herrschaftsordnung als Warnung und Lehre*, Tübingen, 1947²; Id., *Die perversion von Rechtsordnungen*, Tübingen, 1955, *passim*; H. Schorn, *Der Richter im dritter Reich*, Frankfurt a.M., 1959。

[186] G. Grisolia, *La tutela*, cit., pp. 223-226.

[187] A. M. Sandulli, *Manuale di diritto amministrativo*, Napoli⁶, 1960, p. 251.

[188] *Ibidem*, pp. 314-315; Id., *Mancanza della dichiarazione di pubblica utilità e potere di espropriazione*, in *Giust. civ.*, 1960, p. 882.

[189] C. Esposito, *Organo, ufficio e soggettività dell'ufficio*, Padova, 1932, p. 17.

[190] H. Peter, *Wandlungen*, cit., pp. 28-32.

[191] H. Peter, *Wandlungen*, cit., pp. 32, 109-110.

[192]"如果所有权的制度是历史性的,那么所有权本身就不是一个纯粹的历史范畴。因为正是个人自由要求法律承认所有权。"(F. Filomusi Guelfi, *Enciclopedia giuridica*, Napoli⁷, 1916, p. 222)这种处理问题的方式(参见后文)因学说的先验主义而复杂化。这是一个极为复杂的问题,不能仅作简单的说明:进一步的探讨,参见本文第六部分及注[247],以及 R. Orestano, *Diritti soggettivi*, cit., pp. 159-167, 170-171; B. Paradisi, *I nuovi orizzonti*, cit., pp. 134-146, 171-172。无论如何,值得注意的是,这种方法论上

的错误与部分罗马法学者所犯的错误相似,他们过去坚持主张罗马法理论的实用性,而不是对其进行历史性的研究。如同过去反对罗马法一样,现代方法论学者瞄准的也是潘德克顿法学的拥护者所主张的僵硬的教义学。这是一场艰难的战争,在这场战争中,更精致的传统观点的捍卫者往往斥责新的观点缺乏严谨性。而这也正是在1865年民法典编纂时期批评罗马法的社会主义者所受到的批评(尽管必须承认,这种批评并非没有根据)(cfr. A. Aquarone, *L'unificazione legislativa*, cit., pp. 59-60)。但是,正如反对罗马法学者的极端观点的论战已经因一种更恰当的研究罗马法的方法的出现而结束,批评某些法教义学僵化的观点也是出于恢复体系思维的需要,以实现立法和社会现实的衔接。

[193] Cfr. F. Messineo, *Contributo alla dottrina dell'esecuzione testamentaria*, Padova, 1931, pp. 74-81; Id., *Manuale*, cit., I, Milano, 1957^9, p. 536; S. Pugliatti, *Esecuzione forzata*, cit., pp. 26-28; L. Monacciani, *Azione e legittimazione*, Milano, 1951, pp. 177-178; A. Candian, *Nozioni istituzionali del diritto privato*, Milano-Varese, 1953^3, pp. 88-95. 另见 M. S. Giannini, *Lezioni*, cit., pp. 125-126; A. Cicu, *La filiazione*, Torino, 1954^2, p. 300; D. Barbero, *Sistema istituzionale del diritto privato italiano*, I, Torino, 1958^5, p. 66。关于职权(*officium*)这一概念,需要认真考察其历史内涵,参见 F. Cancelli, *Saggio sul concetto di "officium" in diritto romano*, in *Riv. it. scienze giur.*, 1957-1958, pp. 351-402。

[194] F. Messineo, *Manuale*, cit., I, 2, Milano, 1950^8, p. 123; M. S. Giannini, *Lezioni di diritto amministrativo*, Roma, 1960, pp. 119-120.

[195] U. Natoli, *L'amministrazione dei beni ereditari*, I, Milano, 1947, pp. 114-115(该书本卷及另一卷大篇幅谈论了这一问题)。在某些情况下,可以赋予职权人的利益的相关性并不是权力分配的决定性因素;诸如《意大利宪法》第30条规定的情形亦是如此,即对父母抚养、教育和指导子女这一权利的确认在很大程度上是出于政治原因(参见 C. Grassetti, *I principi costituzionali relativi al diritto familiare,* in *Commentario sistematico,* cit., I, p. 305; R. Nicolò, *La filiazione legittima nel quadro dell'art. 30 della costituzione,* in *Democrazia dir.*, 1960, n. 2, p. 11)。

[196] 参见前注[150]。有观点认为,在这种共存中,存在"无法弥合的分歧",参见 F. Negro, *Lineamenti di un trattato dell'indisponibilità giuridica*, Padova, 1957, p. 31[该作者对这一问题正在进行详尽的研究: *Crisi o evoluzione del diritto di proprietà?* in *Stato sociale*, 1959, pp. 877-896, 988-1000, 1223-1236; 1960, pp. 370-382, 562-581。就现在提及的部分而言,这项研究与我们今天所阐述的所有权制度相去甚远。本文无意预先作出明确的判断,但需要指出的是,其选择的历史性方案似乎并不适合用来澄清当前研究所面临的最重要的问题。对此,参见 G. Astuti, *La struttura della proprietà fondiaria*, in *Riv. agr.*, 1960, I, pp. 45-69;对

内格罗（Negro）著作的评论，参见 M. Duni, *Evoluzione della proprietà*, in *Foro it.*, 1960, IV, cc. 33-36］。

然而，需要指出的是，认为"所有权的社会功能"这一表述存在内在矛盾的论据，是典型的且仍然基于亚里士多德哲学的方法；不矛盾原则的使用导致"涉及从逻辑的必要性推断出两个术语在使用上的一致性……本体论性质的必要性"；然而，其所涉及的，并非对所谓的不可弥合的逻辑矛盾的研究，而是对法律经验内容的实际范围的确定（cfr. S. Pugliatti, *Diritto civile*, cit., pp. 399-400; T. Ascarelli, *Problemi*, cit., I, p. 94 e *passim*）。另见 U. Cerroni, *Sulla storicità*, cit., p. 355。

［197］参见 P. Sylos Labini, *Economie capitalistiche ed economiche pianificate*, Bari, 1960, pp. 8-9; C. Mortati, *Indirizzi costituzionali nella disciplina della proprietà fondiaria*, in *Riv. agr.*, 1944-47, I, pp. 6-7。

［198］参见本文第二部分。

［199］J. Dabin, *Le droit subjectif*, cit., p. 220; F. De Martino, *Della proprietà*, cit., p. 125. 另见本文第六部分。

［200］L. Barassi, *Proprietà*, cit., p. 271.

［201］S. Pugliatti, *La proprietà*, cit., p. 288.

［202］L. Monacciani, *Azione e legittimazione*, cit., pp. 93-151; S. Pugliatti, *La proprietà*, cit., pp. 305-206; S. Romano, *Aspetti soggettivi*, cit., pp. 1023-1028.

[203] G. Motzo-A. Piras, *Espropriazione*, cit., p. 165; S. Pugliatti, *La proprietà*, cit., p. 278.

[204] F. Santoro-Passarelli, *Proprietà e lavoro in agricoltura*, in *Libertà economica e proprietà fondiaria* (Atti del IV Convegno dell'Unione giuristi cattolici italiani), Roma, 1953, pp. 64, 86; cfr. M. Mazziotti, *Il diritto di lavoro*, cit., pp. 198, 210-211, 224-225.

[205] F. Santoro-Passarelli, *Proprietà*, cit., pp. 64-65; L. Barassi, *Proprietà*, cit., p. 461 ss.; cfr. S. Pugliatti, *La proprietà*, cit., p. 279, 286; G. Grosso, *Riflessioni sul libro della proprietà nel nuovo codice civile*, in *Stato e diritto*, 1941, p. 95.

[206] S. Pugliatti, *La proprietà*, cit., p. 279.

[207] 参见前注[205]。

[208] 然而,需要指出的是,在自然法思想中,存在两种并存且对立的所有权的传统(但其分歧的根源更为深刻,超越了特定的制度):"一方面,于十八世纪末孕育出人权宣言的自由资产阶级思想在自然之书中发现了私人所有权是一种神圣不可侵犯的天赋权利的规定;另一方面,从康帕内拉(Campanella)到温斯利坦(Winstanley)再到莫雷利(Morelly)的空想社会主义思想援引自然法则,以表明自然所规定的唯一制度是财产公有制。"(N. Bobbio, *Alcuni argomenti contro il diritto naturale*, in *Riv. civ.*, 1958, p. 259)

[209] 众所周知,在潘德克顿法学家的争辩中,所有权概念的

先验或经验的构建问题极为重要(cfr. B. Windscheid, *Diritto delle Pandette*, tr. it. di C. Fadda e P. E. Bensa, rist., I, Torino, 1930, p. 191, nota 2; F. B. Cicala, *Il rapporto giuridico*, Milano, 1959⁴, pp. 518 – 520)。关于潘德克顿法学家的立场,以及对所有权的限制是否属于所有权概念的内容,参见 J. W. Hedemann, *Die Fortschritte*, cit., II, 1, Berlin, 1930, p. 260。另见前注[194]。

[210] G. Motzo-A. Piras, *Espropriazione*, cit., p. 182; cfr. G. Motzo, *Ancora in tema di espropriazione e di regime della proprietà*, in *Giur. costituz.*, 1960, pp. 65-68; S. Fois, "*Riserva originaria*", cit., pp. 476-496.

[211] G. Motzo-A. Piras, *Espropriazione*, cit., p. 180. 该书基于普利亚蒂的研究,得出这一结论。

[212] 参见本文第六部分以及注[213]。

[213] Cfr. F. Vassalli, *Per una definizione*, cit., pp. 330-331; S. Pugliatti, *La proprietà*, cit., p. 148 e *passim*; M. S. Giannini, *Intervento*, in *Atti del III Congresso nazionale di diritto agrario*, cit., pp. 226-227(该文主张用一系列与物的类型有关的不同概念来代替一些简单的概念)。相反观点,参见 F. De Martino, *Della proprietà*, cit., p. 125; C. Maiorca, *La proprietà nel nuovo codice civile*, in *Stato e diritto*, 1942, pp. 253-256(该文认为,多元性应该涉及的是所有权人的权利;该作者的其他文章有,*Premesse alla teoria della proprietà*, in *Jus*, 1941, pp. 79-80)。G. Grosso, *Formule*, cit., p.

1092，该文指出，"多种类型的所有权"的表述"是在具体和准确的条件下，从形式分析中产生的，它一方面强调一个恒量，并在历史的统一性和连续性中提出所有权的问题，另一方面则允许显示出实质的统一性和个性"。F. Santoro-Passarelli, *Proprietà*, cit., pp. 65，该作者虽然承认其在理论上的重要性，但认为这似乎是一个"次要"问题。

[214] P. Virga, *Libertà giuridica e diritti fondamentali*, Milano, 1947, p. 218, nota 245.

[215]这一表述被广泛运用于德语法学文献中，其被称为"法律规范的概括"（*Inbegriff von Rechtssätzen*）（O. von Gierke, *Deutsches Privatrecht*, I, rist. München-Leipzig, 1936, p. 24），"法律规范复合体"（*Normenkomplex*）（O. von Gierke, *locc. citt.*），"与某种法律关系有关的规范的概括"（*Inbegriff der auf die Rechtsverhältnisse einer bestimmten Art bezüglichen Rechtsvorschriften*）（L. Enneccerus-H. Nipperdey, *Allgemeiner Teil des Bürgerlichen Rechts*, I, 1, Tübingen, 1952[14], p. 272）以及"一套法律规范的概括"（*Inbegriff einer Reihe von Rechtsnormen*）（S. Simitis, *Die faktischen Vertragsverhältnisse*, cit., p, 49）；B. 温德夏特（B. Windscheid）这样表述："法律制度是与某一法律关系有关的全部法律规范。"（*Unter Rechtsinstitut versteht man die Gesamtheit der auf ein Rechtsverhältnis bezüglichen Rechtsvorschriften*）（B. Windscheid, *Lehrbuch des Pandektenrechts*, I, Stuttgart, 1879[5], p. 94）；cfr. R. von

Jhering, *Geist des römischen Rechts*, I, Leipzig, 1852, pp. 25, 32-36。这些来自具有不同的重要性与意图的著作的表述,证明了某种学说的传播,本文在此不再进一步列举(参见 C. Schmitt, *Institutgarantie*; M. Mazziotti, *Il diritto al lavoro*, cit., p. 195, nota 16; P. Virga, *Libertà*, cit., p. 218, nota 245)。

意大利的学说几乎总是使用极为相似的定义,并直接效仿德国的观点:制度是一种法律规范的"整体""集合"(E. Finzi, *Il possesso dei diritti,* Roma, 1915, p. 3),一种"有机的联合",一种规范的"总和"(P. De Francisci, citato da U. Ardizzone, voce *Istituto*, in *Nuovo Dig. it.*, VII, Torino, 1938, p. 258),一组"属于同一套规则的规范的基本社会现象的集合"(S. Pugliatti, *Gli istituti del diritto civile*, I, Milano, 1943, pp. 37-38; *La giurisprudenza*, cit., p. 80),一组规范的"整体"(P. Virga, *Libertà*, cit., p. 218, nota 245),一个规范的体系(M. F. Rabaglietti, *Introduzione*, cit., p. 94);有学者将制度理解为产生于个人和法律秩序之间的关系,因此属于公法的范畴:G. Chiarelli, *Il fondamento*, cit., p. 154。关于分类的价值,参见 L. Mosco, *Scienza giuridica e metodologia giuridica*, Napoli, 1954, pp. 85-95。需避免提及法国的学说,因为它们只会使关于制度的讨论变得更为复杂,参见 P. Roubier, *Théorie*, cit., pp. 17-23。

[216] E. Finzi, *Il possesso*, cit., pp. 3-6.

[217] *Ibidem*, p. 4.

[218] *Ibidem*, p. 6.

［219］关于这种区分，参见 J. A. Schumpeter, *History,* cit., p. 551。为澄清法律制度这一概念所产生的问题，对"阶级"这一术语的研究极具参考价值，参见 T. De Mauro, *Storia e analisi semantica,* cit., pp. 309-351; T. Ascarelli, *Problemi,* cit., I, pp. 69-111。

［220］Cfr. G. Maggiore, *Funzioni e limiti nella scienza del diritto criminale,* in *Annali Perugia,* 1922-23, p. 16; S. Pugliatti, *Diritto civile,* cit., pp. 208-209; T. Ascarelli, *Problemi,* cit., I, p. 99, nota 31.

［221］E. Finzi, *Il possesso,* cit., p. 5; 这是 *Lebensverhältnis* 这一德语术语的翻译，参见 O. von Gierke, *Deutsches Privatrecht,* cit., p. 124。

［222］P. De Francisci, citato da U. Ardizzone, *Istituto,* cit., p. 258; S. Pugliatti, *Gli istituti,* cit., p. 38.

［223］S. Pugliatti, *La proprietà,* cit., p. 300.

［224］关于立法理由的含义，参见 E. Betti, *Interpretazione,* cit., pp. 167-170; cfr. T. Ascarelli, *Problemi,* cit., I, p. 72; L. Caiani, *I giudizi,* cit., pp. 215-224; M. F. Rabaglietti, *Introduzione,* cit., p. 94（笔者不同意该书的区分）。另见 R. von Jhering, *Geist,* cit., pp. 32-36。

［225］参见前文及前注［213］。

［226］T. Ascarelli, *Problemi,* cit., I, pp. 95-96.

［227］雷斯特（Leist）尤其支持此种区分：B. W. Leist, *Ueber die Natur des Eigentums,* in *Civilistische Studien auf dem Gebiete dogmatischer Analyse,* III, Jena, 1895；关于这一问题，参见 S. Schlossmann, *Der Vertrag,* Leipzig, 1876, p. 299 ss。B. 温德夏特有力地反击了雷斯特的观点，参见 B. Windscheid, *Diritto delle Pandette,* cit., I, 2, Torino, 1902, p. 114, nota 1。关于《奥地利民法典》的模糊表述（将所有权作为一种权利来谈论），参见 M. Pagenstercher, *Die römische Lehre vom Eigentum in ihrer modernen Anwendarkeit,* I, Heidelberg, 1873, p. 3。关于这一问题，另见 F. B. Cicala, *Il rapporto giuridico,* cit., pp. 498-500（财产的构成要件与所有权的重复）。

另一方面，这种区分是一种更为一般的思潮的特点，参见 A. Rosmini, *Filosofia del diritto,* I, Milano, 1841, pp. 454-456; G. D. Romagnosi, *Istituzioni di civile filosofia, ossia di giurisprudenza teorica,* in *Opere,* Milano, 1845, pp. 1685-1686。关于这一点，参见 G. Del Vecchio, *Sui principi generali,* cit., pp. 66-67, nota 5。

如今已无支持者的另一种形式的重复，是那些主张区分作为原则或类别的所有权与作为制度的所有权的学者所引入的。这些学者将作为制度的所有权理解为"历史上以这种或那种方式、在这种或那种制度中发挥作用的原则"［S. Panunzio, *Prime osservazioni,* cit., p. 112; M. Mazziotti, *Il diritto al lavoro,* cit., p. 195, nota 16，该作者提及上文引用的施密特（Schmitt）的观点，对宪法保障的重要性进行了区分］；C. Maiorca, *Diritto di proprietà e diritti del proprietario,* pp. 481-499（该书第 482 页指出，所有权对于所有权人的权利而言,是作为结果的原因而存在的;该书完整地再现了该作者在其以前的作品中阐述的观点,这些作品包括:*Proprietà e antigiuridicità*, in *Riv. civ.*, 1941, p. 5; *La proprietà nel nuovo codice civile*, cit., pp. 253-255; *Premesse*, cit., in *Jus*, 1940, pp. 534-550; 1941, pp. 76-105)。

[228] B. Brugi, *Della proprietà*, cit., pp. 62-63.

[229] 有学者认为,有必要为艺术作品等构建这样一个类别,参见 G. Grisolia, *La tutela*, cit., p. 223。

[230] 例如 S. Pugliatti, *Istituzioni di diritto civile*, V, Milano, 1938, p. 172; A. M. Sandulli, *Spunti*, cit., pp. 164-165; A. Trabucchi, *Istituzioni di diritto civile*, Padova, 1957[10], p. 372; A. Pino, *Contributo alla teoria giuridica dei beni*, in *Riv. trim. civ.*, 1948, pp. 833-835,该文在一个完全不同的意义上谈论物的(社会)功能,认为这种功能有助于形成"物"这一现象的形式上的标志(资格)。因此,在这种情况下,功能特征与物的性质有关,并作为其法律资格的简单前提而存在(cfr. R. Franceschelli, *L'oggetto del rapporto giuridico*, in *Riv. trim. civ.*, 1957, p. 34)。

[231] 对于该问题的最重要的文献以及最新的观点,参见 R. Franceschelli, *L'oggetto*, cit., p. 160; S. Pugliatti, voce *Beni* (*teoria gen.*), in *Enciclopedia del diritto*, V, Milano, 1959, pp. 164-189。

[232] 在此,有必要提及普利亚蒂的详尽分析,参见 S. Pugliatti, *La proprietà*, cit., p. 246。他指出:"作为方法论的标准,而非

方便的视角,这种原则(仅基于物的秩序)是不可接受的,因为它明显具有片面性,破坏了主体这一所有权制度的要素,而这一要素在逻辑上构成并会继续构成且将永远构成每种法律现象的基本范畴。法律秩序将始终以人及其活动为基点,至多直接与物有关,这些物又总是与单独的或成群的人的需求和活动相联系。相反,正是因为这些需求和活动,'财产'作为'物'而出现,已经在价值领域予以确定,并基于统一标准予以评定。因此,我们会说,客观观点是符合法律规定的,只要它与相对的主观观点保持联系和默契,并整合它,同时允许自己被它整合。"

[233] 参见前注[10];C. Maiorca, *Premesse*, cit., in *Jus*, 1941, pp. 76-81。

[234] W. Cesarini Sforza, *Codice civile*, cit., p. 104. 需要指出的是,这种表述与狄骥的观点相似:L. Duguit, "*La propriété, c'est la chose elle-même*": Traité de droit constitutionnel, Paris, 1927³, p. 447。

[235] T. Ascarelli, *Problemi*, cit., I, p. 58; C. Mortati, *Indirizzi costituzionali*, cit., p. 4.

[236] Cfr. G. Ripert, *Aspects juridiques du capitalisme moderne*, Paris, 1951², p. 268. 然而,这些考虑不应导致整个所有权消失在企业制度之后的极端相反的情况出现,企业家毋庸置疑的优势性不能影响对法律规范的解释,例如,将社会功能完全归于企业(cfr. M. F. Rabaglietti, *Proprietà terriera, impresa e azienda*, in *Atti*

del I Convegno internazionale di diritto agrario, II, Milano, 1954, pp. 479-483）。这一立场对于法国学说来说更容易被理解,因为法国的学说最近将企业家作为一种法律类型予以阐述,也因此扩大了这一类型的范围（cfr. G. Ripert, *Traité élémentaire de droit commercial*, Paris, 1959⁴, p. 164; M. Despax, *L'entreprise et le droit*, Paris, 1957）；R. Nicolò, *Riflessioni*, cit., p. 182,该书对所有权与企业之间的关系作了清晰的阐述；就我们目前讨论的问题,参见 S. Pugliatti, *Terra, azienda agricola e impresa agricola*, in *Riv. agr.*, 1957, I, pp. 528-539。

对企业的特别研究于构建作为制度的所有权的论点而言具有重要意义;关于这一问题,参见 G. Bolla, *Della proprietà fondiaria*, cit., pp. 506-525（该文似乎受到了其所采纳的目的论主义视角的限制）;另见 G. Zaccaro, *Realismo economico e realismo giuridico nella concezione istituzionale della proprietà*, 1952, I, pp. 84-109[对该作者所采表述的讨论,即所有权是自由处分权（第102页）,参见本文第四部分]; A. Desqueyrat, *Propriété privée et propriété institutionnelle*, in *Arch. phil. dr. et sociol.*, 1935, pp. 146-180。需要指出的是,制度特征被越来越多地用来表示法律有机体的实际表现形式,这一现象的原因与我们在使用主观情形的表述时指出的原因相似（参见前注[144]）;关于制度的这一特征,参见 M. Duverger, *Droit constitutionnel et institutions politiques*, Paris, 1955, pp. 8-10. 以及前注[178]。

[237] R. Nicolò, *Riflessioni,* cit., pp. 183-195.

[238] *Ibidem,* pp. 190-191.

[239] 关于这种区分,参见 P. Bonfante, *Corso di diritto romano-La proprietà,* Roma, 1926, pp. 79-180; G. Zanobini, *Scritti vari di diritto pubblico,* Milano, 1955, pp. 348-349; F. Vassalli, *Studi,* cit., III, 2, Milano, 1960, p. 782; F. De Martino, *Dei beni in generale,* in *Comm. del c.c.,* diretto da A. Scialoja e G. Branca, cit., III, Bologna-Roma, 1957, p. 9。

[240] C. Fadda-P. E. Bensa, *Note* a B. Windscheid, *Diritto delle Pandette,* V, rist., Torino, 1930, pp. 95-98.

[241] 正是在讨论功能的社会特征时已经提及的原因,将"所有权—功能"导向了生产资料的范畴;但不容忽视的是,即使是在法律结构层面,生产资料与消费品这两种类型的所有权也存在巨大的不同,一种负担着社会功能,另一种则否。不过,需要指出的是,在适用这种分类时潜藏着重大风险,包括可能滥用抽象方法来构建一个可能限制社会功能作用范围的消费品的概念。然而,这种限制(考虑到社会功能概念的一般特征,反映在其适用上)只有在有明确的立法意图时才有可能。对此,参见 L. Barassi, *La proprietà nel nuovo codice civile,* cit., p. 86,该书讨论的是1865年《意大利民法典》第811条;另见 F. De Martino, *Dei beni,* cit., p. 11。

众所周知,正是马克思对两个基本生产部门(生产资料的生产部门和消费资料的生产部门)的区分所进行的研究,使人们对物之分类的新标准提出了严格的要求(参见 *Il capitale,* cit., II, 2, trad. it. di R. Panzieri, Roma, 1954, p. 53)。使用的所有权与权力的所有权的区分,是由卡尔·门格尔(C. Menger)提出并由阿道夫·华格纳(A. Wagner)发展而来(cfr. M. R. Cohen, *Property and Sovereignty,* in *Law and the Social Order,* New York, 1933, pp. 57-58),这种区分构成了法律意义上分类的基础。基尔克对此种分类的需求有精辟阐述,参见 O. von Gierke, *Die soziale Aufgabe,* cit., p. 16。我们星球上的土地应该像雨伞和纸币那样是某一个人的所有权,这是一种文化上的野蛮行径(关于基尔克的这一思想,参见 E. Wolf, *Grosse Rechtsdenker,* Tübingen, 1951³, pp. 698-699)。随着时间的推移,这种需求逐渐清晰,存在比其起源更为普遍的原因,并与被认为是原始且反科学的自然法学对物的分类的漠视形成了对比(cfr. F. Wieacker, *Wandlugen der Eigentumsverfassung,* Hamburg, 1935, p. 10)。正是维亚克尔(Wieacker)在其著作中对这一需求作出了德国学理所能提出的最严格的表述(关于维亚克尔的思想,参见 K. Rudolph, *Die Bindungen,* cit., pp. 8-10;更为普遍的评价,参见 F. von Hippel, *in Arch. civ. Praxis,* 1941, pp. 207-210)。

本文在此不再对该问题作历史层面的阐述。然而,可以肯定的是,意大利学界认为1942年民法典编纂是一个重要的时机,以确定这种分类在立法中的重要程度。参见 E. Betti, *Per la riforma del codice civile*, cit., p. 316 e nota 1; F. Vassalli, *Motivi*, cit., p. 625; F. De Martino, *Dei beni*, cit., pp. 10-11; L. Barassi, *La proprietà nel nuovo codice civile*, cit., p. 86; Id., *Proprietà*, cit., pp. 273-275; M. Mazziotti, *Il diritto al lavoro*, cit., p. 202, nota 26（该文认为以《意大利民法典》第 811 条为基础对物作出的区分不可以延伸至宪法的文本，因为《意大利宪法》第 42 条中提到的经济财产仅指那些对社会利益具有经济功能的物）。[《意大利民法典》第 811 条（已废止）：物要根据其经济功能和国家生产的需要，接受企业制度的管理。——译者注]无需回顾各种意识形态立场围绕该问题是如何具体化的；它们往往像法西斯主义那样，将长子继承制归于已经在欧洲文化领域普遍存在的方案。事实是，除了临时性的原因，该要求在理论上仍然存在，它也承认其在立法方面（尽管只是部分）得以实现：对此，另见 F. Santoro-Passarelli, *Dottrine generali del diritto civile*, Napoli, 1959[6], p. 60，该书提出了生产资料与非生产资料的区分；相同观点参见 A. Pino, *Contributo*, cit., p. 847。强调所有权的现代观念与商品生产力之间的联系，参见 E. Romagnoli, *Aspetti dell'unità aziendale in agricoltura*, Milano, 1957, p. 2, nota 2。

[242]不难想到的是，诸如艺术品等物品在严格意义上不属于这两种类型中任何一类的物。

[243]参见前注[231]。

[244]J. Dabin, *Le droit subjectif*, cit., p. 220.

[245] F. De Martino, *Della proprietà*, cit., p. 125. 坚称对有关内容的研究无足轻重者，参见 G. Galloni, *Proprietà e destinazione fondiaria*, in *Atti I Convegno internazionale di diritto agrario*, cit., II, pp. 257-259。外部的批评，参见 H. Peters, *Lehrbuch der Verwaltung*, Berlin-Göttingen-Heidelberg, 1949, p. 209, nota 1。

[246] Cfr. R. Nicolò, *L'adempimento*, cit., p. 79 ss.; L. Barassi, *Proprietà*, cit., p. 12; L. Mengoni, *L'oggetto dell'obbligazione*, in *Jus*, 1952, pp. 160-162, 183-185. 关于物权的内容，参见 M. Giorgianni, *Contributo alla teoria dei diritti di godimento su cosa altrui*, Milano, 1940, pp. 156-157; cfr. R. Franceschelli, *L'oggetto*, cit., p. 14。

[247] H. Eichler, *Institutionen des Sachenrechts*, I, Berlin, 1954, pp. 144-149; G. Motzo-A. Piras, *Espropriazione*, cit., p. 183. 最近，学者们试图将注意力拉回到限制上，但似乎成效甚微，参见 F. Darmstaedter, *Der Eigentumsbegriff des Bürgerlichen Gesetzbuches*, in *Arch. civ. Praxis*, 1950-51, pp. 311-342，该文在一般层面上将所有权视为一种消极相关性(negative Gegenseitigkeit)。

[248] 对比前注[213]。

[249] 关于这一问题，参见本文第七部分对类推适用的评论。

[250] D. Barbero, *Sistema*, cit., I, pp. 705-506.

[251] F. Vassalli, *Il diritto di proprietà*, cit., pp. 417-418.

[252] F. Vassalli, *Studi giuridici*, III, 2, Milano 1960, p. 791. 我们所面对的是"所有权概念的扩张"，参见 D. Barbero, *L'usufrutto*

e i diritti affini, Milano, 1952, p. 22; cfr. S. Pugliatti, *La proprietà*, cit., pp. 306-307。关于奥地利判例对所有权和其他财产权利宪法保障的扩张,参见 M. Mazziotti, *Il diritto al lavoro*, cit., p. 205, nota 30; cfr. M. Waline, *L'individualisme*, cit., p. 348; A. M. Sandulli, *Giurisdizione e amministrazione*, cit., pp. 1426, 1434。

[253] 关于这一问题,参见 W. Friedmann, *Law in a changing society*, cit., pp. 67-71。一般性的说明,参见 J. R. Commons, *Legal foundations of capitalism*, New York, 1924; Ch. R. Noyes, *The institution of property: a study of the development, substance and arrangement of the system of property in modern Anglo-American law*, London, 1936; R. David, *Introduction à l'étude du droit privé de l'Angleterre*, cit., p. 38,该作者认为,这种差别来自这样一个事实,即大陆法系法学家习惯一个更加理性而不太受历史影响的法律体系。关于社会学概念的深入说明,参见 V. Kruse, *The Right of Property*, cit.; 值得一读的评论,参见 H. Westermann, *Sachenrecht*, Karlsruhe, 1960^4, p. 133。

[254] 当然,没有哪位民法学家会否定在越来越清晰的历史自觉主导下的意大利罗马法研究的新精神。然而,即使是罗马法学家,也无法否认那些反对在罗马法范畴的基础上形成的潘德克顿法教义学观点的合理性;恰恰是那些持旧的方法论主张的民法学家维护了罗马法学说的权威,而这绝非偶然。在这些民法学家中,不难发现何者最忠实地遵守了耶林"经由罗马法,超越罗马

法"的教诲(Unsere Aufabe, in Jahrbücher für die Dogmatik, 1857, p. 52);此外,这也是每一个研究实在法的法学家在面对过去的伟大成就时所必须采取的态度[萨莱莱(Saleilles)肯定这种观点,并提出了"经由民法典,超越民法典"的格言]。

[255]参见本文第五部分。

[256]G. Branca, *Sul possesso dell'azienda*, cit., c. 702. 基尔克有力地指出,所有权是历史的而非逻辑的范畴,参见 O. von Gierke, *Deutsches Privatrecht*, II, Leipzig, 1905, p. 348。韦伯指出,一些现在被视为典型的来自罗马法的概念[包括所有权(dominium)的概念]在其原始形态上并非如今日般具有抽象性特征,参见 M. Weber, *Wirtschaft und Gesellschaft*, I, Tübingen, 1925^2, p. 456。另一方面,客体上对稳定和安全的追求(G. Branca, *locc. citt.*)恰恰是基于不动产所有权的特点而提出的,而在企业的情形中则没有这种需求,因此它不构成物权;关于这一问题,参见 R. Savatier, *Vers de nouveaux aspects de la conception et de la classification juridique des biens corporels*, in *Rev. trim. dr. civ.*, 1958, pp. 1-23。

[257]R. Orestano, *Diritto romano, tradizione romanistica e studio storico del diritto*, in *Riv. it. scienze giur.*, 1950, p. 206.

[258]G. Branca, *locc. citt*. 需要指出的是,在德国的学说中,不乏将企业构建为物权客体的尝试,参见 H. Eichler, *Institutionen*, cit., pp. 63-67。艾希勒(Eichler)谈论的是企业(Unternehmen)问题;对有关术语的说明,参见 A. Vanzetti, *Trent'anni di stu-*

di sull'azienda, in *Riv. comm.*, 1958, pp. 106-109, nota 90;对德国学者观点的进一步说明,参见前引文第 106—161 页,尤其是第 141—145 页[此处分析了克劳泽(Krause)和巴勒施泰特(Ballerstedt)的观点]。本文在此不再详述这些观点,而只是想指出,传统所有权范式的观点在这些学者中占了上风;相反,笔者认为,以更加开放的形式阐述这些尝试似乎更为可取。

[259] G. Grosso, *Recensione* a P. E. Taviani, *La proprietà*, Roma, 1947, in *Arch. giur.*, 1947, p. 180; Id., *Premesse alla interpretazione dell'impostazione costituzionale della proprietà*, in *Riv. dir. ag.*, 1944-47, I, p. 244; Id., *Distinti complessi giuridici e varietà di rapporti fra norma giuridica e fatto economico*, in *Dir. econ.*, 1955, p. 810. 这种对所有权的抽象理解方式导致了这样的论断,例如,"即使是在重大的经济革命中产生的《民法典》——即《俄国民法典》——在构建这些基本技术概念方面与其他法典也并无不同,尽管它是以冒进的方式阐述这些概念的"(G. B. Funaioli, *Il codice del popolo italiano*, in *Riv. dir. comm.*, 1945, I, p. 30; cfr. G. Galloni, *Proprietà*, cit., pp. 259-260)。关于这一问题,参见 A. V. Venediktov, *La proprietà socialista dello Stato*, trad. it. di V. Dridso e R. Sacco, Torino, 1953, pp. 15-26。这当然是一个将完全逻辑性的价值归于所有权范畴的有限的案例;相反,潘德克顿法学对该范畴的定性,使其"与社会脱节"(L. Mossa, *Trasformazione dogmatica*, cit., p. 254)。

[260]维亚克尔(Wieacker)和韦斯特曼(Westermann)清晰阐述了这种区别:F. Wieacker, *Bodenrecht*, cit., p. 111;H. Westermann, *Sachenrecht*, cit., p. 20。对此,另见 M. Giorgianni, *Contributo*, cit., p. 169。关于物权内容法定原则,参见 H. Eichler, *Institutionen*, cit., pp. 54-55。

[261]参见 L. Barassi, *I diritti reali nel nuovo codice civile*, Milano, 1943, pp. 38-42; M. Allara, *Le nozioni fondamentali del diritto civile*, I, Torino, 1958^5, p. 625。这种观念难以令人信服,但学说仍然被物权的经典定义"麻痹"(G. Balladore Pallieri, *Diritto soggettivo e diritto reale*, in *Jus*, 1952, p. 15);另见 S. Ginossar, *Droit réel, propriété et créance*, Paris, 1960, pp. 146-151, nota 262。

[262] Cfr. M. Giorgianni, *Contributo*, cit., p. 175(以及注[71]);F. Geny, *Science et technique*, cit., III, Paris, 1921, pp. 131-135; Id., *Méthode*, cit., I, Paris, 1954^2, p. 183; H. Peter, *Wandlungen*, cit., pp. 86-87; W. Mueller-Freienfels, *Die Vertretung beim Rechtsgeschäft*, Tübingen, 1957, pp. 137-138.

[263] T. Ascarelli, *Considerazioni in tema di società e personalità giuridica*, in *Riv. comm.*, 1954, I, pp. 248-249; Id., *Problemi*, cit., I, p. 248.

[264] Salv. Romano, *Sulla nozione di proprietà*, in *Riv. trim. civ.*, 1960, pp. 337-352.

[265]关于由圣罗马诺(Santi Romano)提出的法律支配的概

念(*Poteri, potestà,* in *Frammenti di un dizionario giuridico,* rist., Milano, 1953, pp. 172-203),本文不予详述;仅需提及的是,萨尔瓦托勒·罗马诺(Salvatore Romano)早在其他关于私法的研究中使用了这一概念。

[266] Salv. Romano, *Sulla nozione di proprietà,* cit., p. 349.

[267] *Ibidem,* p. 344.

[268] *Ibidem,* p. 345.

[269] *Ibidem,* p. 351.

[270] S. Pugliatti, *La proprietà,* cit., p. 126. 然而,在今天,概念的模糊性不可避免地与规则的模糊性相呼应;参见 M. Mazziotti, *Il diritto al lavoro,* cit., p. 203。所有权的配置实质上并未受到《意大利民法典》规定的影响;参见 R Nicolò-G. Scaduto, *Aspetti privatistici della riforma agraria,* in *Atti del III Congresso nazionale di diritto agrario,* cit., p. 729。

[271] 意大利主流学说(尽管侧重点不同)不认为立法者有权限规定法律定义,参见 R. De Ruggiero, *La cosiddetta servitú di elettrodotto e l'azione di manutenzione,* in *Riv. comm.,* 1916, II, p. 750; B. Brugi, *Della proprietà,* cit., p. 69; Grassetti, *Le definizioni legali e la riforma dei codici,* in *Studi in onore di Giovanni Pacchioni,* Milano, 1939, pp. 299-314; R. Scognamiglio, *Contributo alla teoria del negozio giuridico,* Napoli, 1950, p. 246; T. Ascarelli, *Considerazioni,* cit., pp. 248-249; S. Pugliatti, *La proprietà,* cit., pp. 28, 123-

125; Id., *La giurisprudenza,* cit., p. 59; E. Tilocca, *La remissione del debito,* Napoli, 1955, p. 1; F. Santoro Passarelli, *La transazione,* Napoli, 1956, p. 14; Id., *Dottrine,* cit., p. 127。阿斯卡雷利(Ascarelli)的观点似乎最为严谨,但受到了保罗·格雷科(P. Greco)的尖锐批评,参见 P. Greco, *L'interpretazione della legge e la personalità giuridica delle società,* in *Riv. comm.,* 1953, II, pp. 9–19。

主流学说的观点受到了乌贝尔托·斯卡佩利(U. Scarpelli)的批评,参见 U. Scarpelli, *La definizione nel diritto,* in *Jus,* 1959, pp. 496–506。他指出,"认为下一般性的定义以及对概括性概念下定义并非立法者的权限的观点,与将定义视为真正的定义的观念有关。这种观念认为,法律作用的范畴是意志,而非知识;真正的定义体现的是事物的本质,属于知识的范畴。在此,立法者不能发号施令,因为知识是科学的领地;如果立法者走出自己的领域,开始下定义,那么他所做的就不是立法者的工作,而是科学家的工作;我们也不会因为该定义是立法者强加的而不得不服从,但如果我们判断这些定义是正确的,我们就会接受它们,反之,我们则可以而且必须拒绝这些定义"(该文第 503 页)。这种观念遭到反驳,特别是通过援引"规范性定义"的概念,这种概念被视为"使语言更符合目的的手段;立法者可以利用这种手段,使自己的语言与其欲制定的规范的表述更为相符"(该文第 503 页)。

[272]例如,U. Scarpelli, *Il problema della definizione e il concetto di diritto,* Milano, 1955; *Contributo alla semantica del linguaggio*

normativo (*Memorie dell'Accademia delle Scienze, serie 3*ᵃ), Torino, 1959; R. Robinson, *Definition,* Oxford, 1954; H. L. A. Hart, *Definition and Theory in Jurisprudence,* Oxford, 1959。

［273］R. Nicolò, *Riflessioni,* cit., p. 178; T. Ascarelli, *Problemi,* cit., II, p. 804.

［274］S. Pugliatti, *La proprietà,* cit., p. 126.

［275］弗朗索瓦·鲁索（F. Russo）强调了定义的意识形态职能；在所有权方面，定义倾向强行对某种社会事实进行阐述，而很少提及法律事实的问题：V. Russo, *Réalité juridique et réalité sociale,* Paris, 1942, p. 85。

［276］这是所谓的"真正的定义"，也是最为法学家所接受的定义，参见 C. Grassetti, *Le definizioni,* cit., p. 306。对此种定义的批评，参见 U. Scarpelli, *Il problema,* cit., pp. 62-64; Id., *La definizione,* cit., p. 502。

［277］U. Scarpelli, *La definizione,* cit., p. 502.

［278］关于所有权的定义史，参见 F. Piccinelli, *Studi e ricerche intorno alla definizione "dominium est ius utendi et abutendi",* Firenze, 1889; B. Brugi, *Della proprietà,* cit., pp. 8-68; U. Nicolini, *La proprietà,* cit., pp. 43-53; V. Neppi, *Il valore intrinseco del diritto di proprietà,* Padova, 1934, pp. 12-16; M. S. Giannini, *Attualità dogmatica,* cit., pp. 478-491; L. Barassi, *Proprietà,* cit., pp. 1-13; P. Torelli, *Lezioni di storia del diritto italiano-La proprietà,* Milano,

1948, pp. 14-15; F. Glück, *Commentario alle Pandette*, trad. it. di A. Ascoli, P. Bonfante, G. Segrè, VI, Milano, 1888, pp. 29-33。

[279]中世纪法学家,如比亚焦·布鲁吉(B. Brugi, *Della proprietà*, cit., pp. 36-37),对所有权的定义并不完全符合社会现实,但其所确定的政治价值是不容置疑的;这种政治价值也体现在了《法国民法典》对所有权的定义之中。关于中世纪法学的经验,参见 G. Gorla, *Il contratto*, I, Milano, 1955, pp. 47-48。

[280]尤为重要的是,主宰定义的潘德克顿法学的视野逐渐缩小。对此,参见 J. W. Hedemann, *Die Fortschritte*, cit., II, 1, Berlin, 1930, pp. 260, 317-318; L. Mossa, *Trasformazione dogmatica*, cit., pp. 254-255; H. Peter, *Wandlungen*, cit., pp. 10-15。

[281]N. Bobbio, *Scienza del diritto*, cit., pp. 355-359.

[282]参见前注[162]。

[283]Cfr. F. Calasso, *Medio Evo del diritto*, I, Milano, 1954, pp. 573-577.

[284]T. Ascarelli, *Problemi*, cit., I, p. 47.

[285]S. Pugliatti, *Gli istituti*, cit., p. 40; F. De Martino, *Della proprietà*, cit., p. 122; G. Grosso, *Distinti complessi*, cit., p. 811; T. Ascarelli, *Problemi*, cit., I, *passim*. 另见前注[33]。

[286]T. Ascarelli, *Proprietà e controllo*, cit., p. 756.

[287]参见本文第一部分。

[288]我们认为,卢多维克·巴拉西的观点(L. Barassi,

Proprietà, cit., p. 3)助长了这种多义性,而其对抽象性的研究也没有任何建设性意义。参见 G. Capograssi, *Agricoltura, diritto, proprietà*, in *Riv. agr.*, 1952, I, p. 271。

[289]N. Bobbio, *Scienza del diritto*, cit., p. 358.

[290]G. Perticone, *La proprietà*, cit., pp. 129-130; S. Pugliatti, *La proprietà*, cit., p. 143.

[291]参见前文第四部分,注[175]。

[292]L. Barassi, *La proprietà nel nuovo codice civile*, cit., p. 94. 菲利普·瓦萨利(F. Vassalli)高估了《劳动宪章》第 7 条的价值,参见 F. Vassalli, *Il diritto di proprietà*, cit., p. 416。

[293]S. Pugliatti, *La proprietà*, cit., p. 143; W. Cesarini Sforza, *Proprietà e impresa*, cit., p. 364; Id., *Codice civile*, cit., p. 104.

[294]E. Betti, *Le categorie civilistiche dell'interpretazione*, Milano, 1948, pp. 46-50.

[295]S. Pugliatti, *La proprietà*, cit., p. 278.

[296] D. Rubino, *Odierne tendenze sui limiti del diritto di proprietà*, in *Annali Macerata*, 1948, pp. 83-84.

[297]参见本文第二部分。

[298]参见前文,尤其是第四部分。

[299]Cfr. F. Filomusi Guelfi, *Enciclopedia*, cit., pp. 215-223; F. Vassalli, *Il diritto di proprietà*, cit., p. 421; S. Pugliatti, *La proprietà*, cit., p. 48; L. Mossa, *Trasformazione dogmatica*, cit., pp.

257-258; F. De Martino, *Della proprietà*, cit., p, 119; L. Barassi, *Proprietà*, cit., p. 281.

[300] G. Radbruch, *Kulturlehre des Sozialismus*, Berlin, 1927², p. 52. 批评的观点,参见 G. Ripert, *Le déclin du droit*, cit., p. 197.

[301] 对社会功能理论的评价,参见 E. Pashukanis, *Allgemeine Rechtslehre und Marxismus*, trad. ted., Berlin-Wien, 1929, p. 6 (社会功能是用来"掩盖私有财产的阶级性质"的); Id., *The Soviet State and the Revolution in Law*, trad. ingl. di H. W. Babb, in J. N. Hazard (a cura di), *Soviet Legal Philosophy*, Cambridge, Mass., 1951, p. 256(批评是"本着狄骥和黑德曼的精神对民法进行文字性的'改革'")。关于狄骥对苏联法学家的影响,参见本文前注[153];在1938年出版的苏联官方民法教材中,狄骥的社会功能理论被批评为亲法西斯主义的理论(cfr. G. Gsovski, *Soviet Civil Law*, cit., pp. 321-322)。

本质上与这种评价一致的观点,参见 L. Mossa, *Per il diritto dell'Italia*, in *Riv. comm.*, 1945, I, p. 5。观点认为1942年《意大利民法典》所有权编达到了"罗马法、封建和资本主义传统"的顶峰;由于该编之规定,"意大利的贵族阶级现在可以自己进行纯粹的文字立法实验"。关于这一问题,参见 H. Peter, *Wandlungen*, cit., pp. 17-18; G. Gurvitch, *La dichiarazione*, cit., pp. 184-186。

[302] 1920年制定的《卡纳罗宪章》(la carta del Carnaro) 淋漓尽致地体现了那些年的混乱和诡辩。《卡纳罗宪章》第9条涉

及所有权问题:"国家不承认所有权是人对物的绝对支配权,而认为它是最有用的社会功能。任何所有权都不能专属于个人,就像它是该人的一部分那样;这种好逸恶劳的所有权人限制或糟蹋了所有权,并不允许他人利用该所有权,这不可能是合法的;对任何生产工具和交换工具的唯一合法权利是劳动;只有劳动才能获得对总体经济来说最有成效和最有利的物质。"(《卡纳罗宪章》是"一战"期间邓南遮率领的意大利民族主义者成立的短命政权"意大利卡纳罗摄政领"颁布的一部宪章,该宪章对意大利后来的法西斯政体产生了重大影响。——译者注)

[303] S. Pugliatti, *La poprietà*, cit., pp. 244-245, 270. 另见前注[46]。

[304] K. Renner, *The Institutions*, cit., p. 105 ss.

[305] Cfr. M. Posch, *Kapitalassoziationen*, Berlin, 1955; H. Horrwitz, *Historical Development of Company Law*, in *Law Quart. Rev.*, 1946, p. 386 ss.; G. A. Brioschi, *Cenni storici*, cit., pp. 117-185; T. Ascarelli, *Disciplina delle società per azioni e legge antimonopolistica*, in *Riv. trim. civ.*, 1955, pp. 273-317.

[306] 对此,可以参见对股权这一极为重要的现象的研究,参见 B. Libonati, *Holding e investment trust*, Milano, 1959, pp. 1-37。

[307] A. Chayes, *The Modern Corporation and the Rule of Law*, in E. S. Mason (a cura di), *The Corporation in Modern Society*, 1960, p. 38.

译后记

呈现在诸位读者面前的《可怕的所有权》一书,是根据斯蒂法诺·罗多达教授于2013年在穆利诺出版社出版的《可怕的权利:私人所有权与共有物》(以下简称《可怕的权利》)翻译的。

斯蒂法诺·罗多达教授在1933年出生于罗马,生前为意大利罗马第一大学荣休教授。他是一位天才般的法学大家,在所有权社会化、基本人权保障、个人信息保护等诸多热门研究领域均颇有建树,并参与起草了作为"欧盟基石"之一的《欧洲人权公约》。罗多达教授同时也是欧洲家喻户晓的政治人物。他生前多次当选意大利众议院、欧洲议会议员,并曾任意大利众议院副议长、意大利个人信息保护局首任主席。

《可怕的权利》一书完整收录了罗多达教授于不同时期发表的关于所有权制度的研究成果,是作者的成名作之一。该书成书于二十世纪八十年代,后几经再版,对意大利乃至欧洲的立法与学说产生了重大影响。该书开篇交代了"可怕的权利"这一标题的由来,即取自切萨雷·贝卡里亚最有名的著作《论

可怕的所有权

犯罪与刑罚》中的一句话:"……所有权(可怕的也许是不必需的权利)。"该书随后引用了边沁对贝氏这一论断的评价:"令人惊讶的是,像贝卡里亚这样睿智的学者,竟然在一部由最明智的哲学指引的作品中,坚持写入一个颠覆社会秩序的质疑。"乍看之下,边沁并不赞同贝卡里亚对所有权的质疑。实际上,边沁的评价尚有后文。恰恰是罗多达教授在此并未援引的后半段话,既展现了边沁本人对于所有权制度的进一步思考,也很好地诠释了《可怕的权利》一书中作者对私人所有权这一法律现象的反思:"这种权利遭到了最可怕的滥用……迅速利用——迅速且无任何接受惩罚地利用——这是人类的普遍愿望;这是一种可怕的愿望,因为它将所有一无所有的人与拥有财富的人联系起来。但是,限制这种欲望的法律,是人类对其自身最辉煌的胜利。"[①]

《可怕的权利》原书共十一章,本译作以《可怕的所有权》为题,收录了原作中最为重要的两章,即"权利与物"和"教义学与历史视角下的所有权"。其中,"权利与物"一章聚焦全球化进程与信息革命给人类社会带来的挑战,作者主张超越狭隘的公私所有权二分逻辑,重视"一切人所有之物"这一古老的法律概念,如此才能构建休戚与共的人类命运共同体。"教义

---

① Jeremy Bentham, *The Works of Jeremy Bentham*, John Bowring (Edinburgh: William Tait, 1838-1843). 11 vols. Vol. 1, p. 309.

学与历史视角下的所有权"一章修改自作者对《意大利宪法》第 42 条与第 44 条的评注,该章旨在解决一项欧洲私法面临的特殊问题,即颁布在先且贯彻所有权绝对主义的各国民法典应如何回应颁布在后的各国宪法提出的"所有权社会化"这一要求。可以看到,本译作收录的两章内容,既体现了罗多达教授作为一位法学大家对我们这个时代所面临的法学问题的深度思考,也体现了其作为一位政治家对层出不穷的社会问题的关切。

译作得以完成,首先要感谢恩师奥利维耶罗·迪利贝托教授、徐涤宇教授与黄美玲教授的支持、鼓励与帮助。圭多·阿尔帕教授作为欧洲法学界泰斗,在百忙之中为译作慷慨赐文,令晚辈感佩。还要感谢多梅尼克·杜尔西教授和布鲁诺·孔卡斯博士不厌其烦地解答译者的诸多困惑。

需要指出的是,译者才疏学浅,译文难免存在错讹之处,敬请各位读者批评指正。